Peter Cornelius / Andy Zahradnik

Peter Cornelius – Reif für die Insel

Peter Cornelius / Andy Zahradnik

PETER CORNELIUS

Reif für die Insel

K&S

Wir haben uns bemüht, alle Rechteinhaber der Fotos zu ermitteln. Sollten dennoch Ansprüche offen sein, bitten wir um Benachrichtigung. Rechtmäßige Ansprüche werden nach Geltendmachung zu den üblichen Konditionen abgegolten.

Bildnachweis
Alle Privatarchiv Peter Cornelius, außer:
S. 7, 31–35: Ulrike Cornelius; S. 9 unten: Adem Gross, ademseisenbahnfotos.de; S. 13 oben: D. Breckwoldt; S. 13 unten: Helmut Kedro; S. 15 oben: Axel Zeininger; S. 17 unten: JAT–Photo International; S. 20: Votava / Imagno / picturedesk.com; S. 21–30, 36: Dietmar Lipkovich; S. 23 oben: Lukas Beck;

www.kremayr-scheriau.at

ISBN 978-3-218-01130-3

Schutzumschlaggestaltung: Christine Fischer unter Verwendung von Fotos von Ulrike Cornelius, Dietmar Lipkovich, Hubert Mican & Votava / Imagno / picturedesk
Typografische Gestaltung und Satz: Sophie Gudenus
Druck und Bindung: Christian Theiss GmbH, St. Stefan i. Lavanttal

Inhalt

Intro 7

Die Insel zwischen den Gleisen 13

Die Entdeckung des Festlands 20

Ein Dreier in „Betragen“ 25

Das ¼-Cello 28

Das verflixte dritte Jahr 31

Wie ein junger Hund im alten Bunker 37

Plötzlich Familie 43

Walkin' Back to Happiness & Der Urknall 49

Die Faszination der Nachahmung 55

Augen auf und durch 60

Aquarius ... Let the Sunshine In 66

Die Siebzigerjahre 71

„Flipper“ 78

Wien – Hamburg – München – Frankfurt – Wien 83

Von der Gokart-Bahn zur Formel 1 90

Die gesunde Naivität 95

Der Tag hat 48 Stunden 101

Vom Norden in den Süden 105

Süchtig 111
Turbulenzen 117
Die Ananas am Dach 123
Wieder auf einer Insel 127
Masterfader Records 135
Die unbequemen Freund 138
Lebenszeichen 142
Insel XXL 146
Solo 149
12 neue 12 – das Spiel geht weiter 151
Schwebezustand 155
Unverwüstlich 159
Zugabe 1: Gitarren 167
Zugabe 2: Dort, wo der Stecker passt 171

Intro

Peter Cornelius ist Musiker und Singer-Songwriter. Ich wollte dieses Buch, das sich mit seinem Leben und Werk beschäftigt, daher nicht mit einem „Vorwort“ beginnen. Ich fand, „Intro“ passt für einen Musiker einfach besser. Ein Intro auch deshalb, weil es, wie bei der Musik, hier an dieser Stelle darauf ankommt, die Leser ein wenig auf das, was folgt, vorzubereiten. Oder noch besser: sie ein wenig einzustimmen. Stimmig und Musik, das passt sehr schön, finde ich, und daher erlaube ich mir in diesem Intro, ein wenig persönlich zu werden.

Den Musiker und Singer-Songwriter Peter Cornelius habe ich zum ersten Mal 1973 wahrgenommen, als er sich mit dem Lied „Die Wolk'n“ einer breiten Öffentlichkeit vorgestellt hat. Das Cover der Single zeigte einen jungen Mann in einem Hemd, das ein wenig an die psychedelischen Muster erinnerte, wie sie damals in der Londoner Carnaby Street in jedem Laden zu sehen waren. Er saß vor einem Teppich, der als Fotohintergrund eher unpassend war. Blonde Locken, breites Grinsen. Im Fernsehen sah ich ihn dann bald darauf „I leb in ana Wolk'n und die is mei eig'ne Welt. I hab a Sanduhr ohne Sand und hab mein Reichtum ohne Geld“ singen, im Hintergrund spielte eine Big Band.

Ich war damals 15 Jahre alt, Plattensammler aus Leidenschaft und hatte eben als kaufmännischer Lehrling bei der einstigen CBS Schallplatten GesmbH in Wien angefangen. Meine Helden kamen aus England, den USA oder sangen Lieder im Wiener Dialekt. Und allesamt spielten sie Gitarre, Bass, Schlagzeug oder Keyboard.

Das Foto auf dem Plattencover von „Die Wolk'n" kam dem ganz schön nahe, und so wie dieser Cornelius aussah, war das schon so, wie internationale Popstars in den frühen Siebzigern eben auszusehen hatten, um bei Teenagern anzukommen. Auch der Text war auf seine Art cool, denn dass einer in einer Wolke lebt, das hatte schon eine ganz eigene Qualität. Was ich allerdings überhaupt nicht verstand, war das Big-Band-Umfeld. Musikalisch war das nicht die Art Popmusik, mit der ich, der als Pubertierender um jeden Zentimeter Haare kämpfte und solche Hemden liebte, wie sie der Herr Cornelius am Cover trug, etwas am Hut hatte. Das passte für mich nicht zusammen. Was machten die Bläser da in dem Lied? ORF-Big-Band und Pop made in Austria? Gut, es war ja auch eine Produktion des ORF, und da war das Orchester offenbar Teil des Deals. Trotzdem wirkte diese Konstellation auf mich sehr brav. Zu brav. Öffentlich-rechtlich an die Leine gelegt. Schön ordentlich, denn wir sind hier ja nicht bei den Wilden. Auch wenn ich das Gefühl hatte, dass der Typ am Coverfoto gar nicht so brav wirkte. Vielmehr stellte ich mir vor, dass er bei einem Livekonzert durchaus auch heftig aufspielen könnte, was sich später ja auch als richtig erweisen sollte.

Ich habe damals bei der Carola am Praterstern, dem von mir bevorzugten und für mich heißesten Plattenladen Wiens, die Single zwar nicht gekauft, das Lied aber nie wieder aus dem Kopf gekriegt.

Richtig angesprungen bin ich dann zwei Jahre später bei „Flipper". Auf dem Cover waren Kugel und Flipper abgebildet. Zusätzlich stand darauf ein Hinweis auf das „Do-it-yourself-Verfahren". Sprich: Cornelius hat bei der Aufnahme alle Instrumente selbst gespielt. Dieser Hinweis war wichtig, denn damit war klar, dass sich das Klangbild – oder nennen wir es so, wie es richtig heißt: das Arrangement – zeitgemäß anhören würde. Pop-Rock, wie er 1975 klingen sollte – und auch klang. Der Text sprang mich sofort an. „Wie a Kugel von an Flipper, immer g'rollt werd'n, des is bitter." Zur Erklärung für alle Nicht-Wiener: „G'rollt werd'n" heißt im Wiener Dialekt so viel wie „verarscht werden". Und ja, das ist bitter, und wenn man 17 ist, so wie ich damals, tut es besonders weh.

Die Single ist heute eine Rarität. Das Lied selbst weniger, denn Peter Cornelius spielt es immer gerne live. Da rockt und rollt die Kugel, auch weil der Text bis heute nichts an Aktualität verloren hat und die Verarsche damals wie heute in allen Bereichen des Lebens anzutreffen ist. Zumindest wird man das Gefühl nicht los, dass es so ist.

Die Musik von Peter Cornelius lernte ich mit 15 kennen, den Menschen, den Musiker, den Singer-Songwriter erst viele Jahre später, als ich gebeten wurde, den Pressetext und biografische Informationen zu dem damals im Werden begriffenen Album *Lebenszeichen* zu schreiben.

Es war im Juni 2000, als ich Peter und seine Frau Ulrike im Wiener Café Dommayer kennenlernte. Das Dommayer, ein Wiener Kaffeehaus, wie es sein soll, hat eine über 180 Jahre alte Geschichte und befindet sich in der Nähe von Schloss Schönbrunn. Im Vorgängerlokal, dem Dommayer Casino, haben seinerzeit Johann Strauß Vater und Sohn sowie Josef

Lanner die Wiener zum Walzertanzen eingeladen. Dort, an der Ecke Dommayergasse/Auhofstraße, treffen wir, also Peter, Ulrike und ich, uns seit Jahren immer wieder gerne.

Damals, im Sommer 2000, saßen wir im Garten des Cafés unter den schattigen Bäumen und sprachen über Musik, über Peters neues Album, über die darauf zu hörenden Neuaufnahmen von „Reif für die Insel“ und „Streicheleinheiten“. Damals sagte Peter zu mir zum ersten Mal diesen Satz, den ich seither nie vergessen habe: *„‚Reif für die Insel‘ war nie ein Urlaubslied.“*

Ich begleite Peter und Ulrike Cornelius nun seit 18 Jahren mit meinen Pressetexten, genieße jedes der langen Gespräche, die sich immer wieder ergeben, und es ist erstaunlich, wie schnell die Zeit auf der schweren Ledercouch im Wohnzimmer ihres Hauses am Rand von Wien vergeht, wenn sich Satz an Satz reiht und sich der Unterschied zwischen einem Gespräch und einer Plauderei offenbart.

Einmal, vor Jahren, rezitierte Peter einfach so aus dem Stand und völlig unerwartet aus *Die letzten Tage der Menschheit* von Karl Kraus und holte einige der Figuren wortreich, in schönstem Schönbrunner Deutsch ins Wohnzimmer. Damit traf er bei mir voll ins Schwarze. Denn ich liebe dieses Stück. Punkt.

Man muss dazu wissen, dass immer wieder, wenn ich mit Menschen aus dem Showbusiness zusammentraf und über Peter Cornelius sprach, die Attribute „schwierig“ und „unzugänglich“ fielen. „Er ist halt kein Einfacher …“, hieß es oft zusammenfassend. In den Worten von Peter Cornelius hört sich das so an: *„Ich habe eine geradezu krankhafte Abneigung, sozusagen eine Allergie, gegen Hochstapler, Bauchredner, un-*

zuverlässige Mimer und Konsorten. Wenn das für die Betreffenden ‚schwierig' sein sollte, dann ist das deren Problem."

Das kann ich nicht bestätigen. Ich selbst hatte nie das Gefühl, es mit einem passionierten Grantler zu tun zu haben. Für mich ist Peter Cornelius ein hochkreativer und hochsensibler Mensch, der in einer Zeit aufgewachsen ist und geprägt wurde, die vor allem aufgrund von Umbrüchen und gesellschaftspolitischen Ereignissen überhaupt nicht mit unserer heutigen vergleichbar ist. Peter Cornelius – ein Widerborst? Nicht im Sinne von starrsinnig. Aber durchaus im Sinne von widerspenstig oder, noch besser gesagt, widersetzlich.

„Widerstandsfähig, bist du widerstandsfähig?", singt Peter Cornelius auf seinem jüngsten Album mit dem programmatischen Titel „Unverwüstlich" (erschienen im September 2017). „Es ist eines seiner besten Alben", lautete nicht selten die Meinung der Kritiker. „Ein Schmaus für Ohren und Hirn" ist im Netz bei Käuferrezensionen nachzulesen.

Unverwüstlich ist mit Sicherheit das persönlichste Album des Künstlers und Songwriters. Es ist ein Blick in sein Innerstes. Entsprungen aus Beobachtungen und persönlichen Erfahrungen. Unverständnis über herrschende Gegebenheiten findet sich da ebenso wie die Aufarbeitung der eigenen Kindheit. Ungeschminkt. Der eigenen Meinung einfach freien Lauf gelassen.

„Es ist mein Lebenstun", sagt Peter Cornelius dazu, und als Ulrike und er mich fragten, ob ich mir vorstellen könnte, dass wir gemeinsam ein Buch über dieses „Lebenstun" schreiben, habe ich nicht lange überlegt und sofort zugesagt.

Wir saßen oft und lange zusammen. Ungestört. Nur das Aufnahmegerät lief, und Peter erzählte und erzählte und erzählte. Zum Schluss schlug er „Reif für die Insel" als Buchtitel vor. Nicht nur, weil jede und jeder im deutschen Sprachraum den Titel mit Peter Cornelius verbindet, sondern vor allem, weil es Inseln waren und sind, die in seinem Leben immer eine gewisse Rolle gespielt haben. Inseln. Insellagen. Physisch. Psychisch.

In *Reif für die Insel* erzählt Peter Cornelius über sein Leben, seine Kunst und den Menschen. Mag sein, dass die eine oder andere Erinnerung an bestimmte Jahreszahlen und manche Daten nicht ganz korrekt ist. Der Ort, die Zeit, ein Name waren im Gedächtnis vielleicht nicht richtig abgespeichert – die Erinnerung in ihrer Gesamtheit aber, die kommt hin. Persönliches zu erinnern, ist immer eine subjektive Angelegenheit. Objektivität ist da nicht zu erwarten. Wahrscheinlich liegt genau darin, in den unterschiedlichen Betrachtungsweisen von Ereignissen, Erlebnissen und den daraus entstandenen und nun auch ausgesprochenen Erfahrungen, eine bisher unbekannte Seite jenes Künstlers, dem wir Lieder wie „Du entschuldige – i kenn di", „Süchtig", „Segel im Wind", „Ganz Wien hat den Blues", „Irgendwann im nächsten Leb'n", „Sanft ist unser Kampf", „Die unbequemen Freund" und auch „Reif für die Insel" zu verdanken haben.

In diesem Sinne herzlichst
Andy Zahradnik

Die Insel zwischen den Gleisen

Hetzendorf ist dort, wo der 12. Wiener Gemeindebezirk mit mehr Grünflächen als sonst aufwarten kann. Der Zwölfte – das ist Meidling, der Bezirk, wo das „l“ in einer Weise ausgesprochen wird, wie es wienerischer nicht sein könnte. Im Grunde ein Arbeiterbezirk, obwohl Hetzendorf viel näher beim 13. Bezirk, Hietzing, und dem noblen Cottageviertel liegt als bei den großen Gemeindebauten am Gürtel. Hetzendorf hat ein richtiges Schloss vorzuweisen, in dem früher der letzte Habsburgerkaiser – Karl I. – wohnte, bevor er wegen des verlorenen Ersten Weltkrieges abdanken und ins Exil gehen musste. Heute lernen in der dort untergebrachten Modeschule Jungdesignerinnen und Jungdesigner ihr Handwerk.

Geht man vom Schloss die Hetzendorfer Straße links hinauf, dann trifft man nach einigen Metern auf die Jägerhausgasse, die nach wenigen Gehminuten wiederum in die Schlöglgasse mündet. Dort, wo die beiden Gassen einer Astgabel gleich aufeinandertreffen, befindet sich heute ein Kinderspielplatz inmitten einer überschaubaren Grünfläche. Dahinter fährt, um rund zwei Stockwerke tiefer gelegt, viergleisig die Südbahn vorbei.

Am 29. Januar 1951 wurde Peter Karl Korunka in Wien geboren. *„Der Klang des Nachnamens hat mich immer an eine* *russische Halskrankheit erinnert*", so Peter, dessen „Cornelius" als zweiter Vorname durchs Internet geistert, was aber falsch ist. Karl hingegen als zweiter Vorname ist richtig, es ist der Vorname seines Vaters. „Cornelius" kam erst später hinzu, als Künstlername und behördlich eingetragener offizieller Familienname.

Dort, wo heute der Spielplatz zu finden ist, stand bis in die Siebzigerjahre an der Adresse Schlöglgasse 50 das Jägerhaus. Es war das Zuhause von Peters Großmutter Karoline und ihrem Ehemann Heinrich. Er ein pensionierter Oberrevident der Österreichischen Bundesbahnen, sie *„die Lebensretterin meiner frühen Kindheit*", wie Peter gerne sagt.

Peter, geboren im Zeichen des Wassermannes mit Aszendent Löwe, ist der Sohn von Karoline und Heinrich Selbmanns Tochter Christine. Unmittelbar nach seiner Geburt zog er bei den Großeltern im Jägerhaus ein. Denn die komplizierten Lebens- und Liebesumstände von Peters Eltern Christine und Karl machten das Aufwachsen des Sohnes unter einem gemeinsamen Dach mit den Eltern anfangs unmöglich. Das Platzangebot im Jägerhaus war zwar nicht gerade üppig, aber Peter hatte ein kleines Zimmer für sich allein, und die Liebe seiner Oma war sowieso das Maß aller Dinge.

Die Großmutter war die prägende Person in Cornelius' früher Kindheit. An den Großvater hat er hingegen nur mehr stark verblichene Erinnerungen. Künstlerisch begabt war der Opa, ein hervorragender Zitherspieler. Die Kunst, Saiteninstrumente virtuos zu beherrschen, lag also offenbar in der Familie und ging vom Großvater auf den Enkel über.

Für den kleinen Peter hatte das Jägerhaus eine ganz besondere Bedeutung. Nicht nur, dass es sein Zuhause war, man hatte dem Kind auch stets erklärt, es handle sich um ein ehemaliges Jagdschloss der Kaiserin Maria Theresia und sei früher angeblich durch einen Geheimgang direkt mit dem Schloss Schönbrunn verbunden gewesen, der später aber zugeschüttet worden sei. Wie spannend! Aber leider nur ein Gerücht, das durch die Leute in der Hetzendorfer Nachbarschaft gerne aufrechterhalten wurde, denn diesen Geheimgang hat es nie gegeben. Weshalb er auch nie zugeschüttet wurde. Und alles, was bleibt, ist eine für einen kleinen Buben sehr aufregende Geschichte.

Tatsächlich gab es unter dem Haus einen sogenannten „Eiskeller", der bereits seit dem 18. Jahrhundert zur Lagerung von Natureis und später von Eisblöcken aus der Eisfabrik genutzt wurde, als elektrische Kühlschränke entweder noch gar nicht erfunden waren oder das Geld nicht reichte, um sich einen anzuschaffen. Noch 1952 gab es nur in zwei Prozent der Wiener Haushalte einen elektrischen Kühlschrank, und der Eiskeller leistete daher in vielen Häusern noch immer gute Dienste.

In dem Keller in der Schlöglgasse 50 hatte sich ein Weinhändler eingemietet, der darin Flaschen und Fässer lagerte. Es wurde gemunkelt, dass er immer nur Wein aus dem Keller heraufholte, aber nie welchen hinunterbrachte. Eine wundersame Weinvermehrung?

Das Jägerhaus war auch nie ein Jagdschloss, sondern hatte einst als Heim für den kaiserlich-königlichen Forstverwalter gedient, war also ein Forsthaus gewesen. Als es erbaut wurde, hatte sich die Stadt noch nicht so weit ausgedehnt, weshalb es direkt in den Jagdgründen der Habsburger lag. Später wurde das Haus umgebaut und in fünf Wohneinheiten aufgeteilt. Eine davon wurde den Selbmanns zugewiesen. Vermutlich gehörten die Gründe der Bahn und ebenso vermutlich ist das der Grund, weshalb der Oberrevident dort eine Wohnung bekam. Im Krieg wurde das Jägerhaus nicht beschädigt. Es überstand die Bombardements trotz der unmittelbaren Nähe zu den Schienen, galten Eisenbahnstrecken doch als erste Zieladresse für Bombenabwürfe, um die Transportwege des Feindes unbrauchbar zu machen.

Alles, was bis heute vom Jägerhaus in der Schlöglgasse noch erhalten geblieben ist, sind der Name Jägerhausgasse und jener des Kleingartenvereins, der, nur durch einen Bretterzaun getrennt, direkt in der Nachbarschaft des ehemaligen Forsthauses zu finden war und bis heute ist.

1951. Sechs Jahre nach der Stunde null. Das Wirtschaftswunder begann sich stotternd, aber doch auch in Wien langsam in Bewegung zu setzen. Noch war Österreich von den alliierten Mächten besetzt, und bis zum Abzug der Truppen sollte es noch weitere vier Jahre dauern. Der 12. Bezirk, Meidling, lag im britischen Sektor, eingeklemmt zwischen Sowjets und Franzosen.

Die Briten! Der kleine Peter wurde also genau in jenen Sektor hineingeboren, wo jene das Sagen hatten, für deren Musik und Popkultur er sich als Heranwachsender mit einer Leidenschaft zu interessieren begann, die ihm bis heute erhalten geblieben ist. *„Ich kann mich ganz dunkel erinnern, dass ich an der Hand meiner Mutter englische Besatzungssoldaten in der Nähe der Fasangartenkaserne [Anm.: die heutige Maria-Theresien-Kaserne] gesehen habe. Ich konnte damals natürlich noch nicht ahnen, was für eine schicksalhafte Rolle Engländer durch ihre Musik in meinem weiteren Leben spielen werden*“, erinnert er sich noch heute.

Seine Welt in der Schlöglgasse erstreckte sich zwischen zwei Gleisen, lag doch das Jägerhaus einer Insel gleich zwischen zwei Bahnlinien. Hinter dem Haus verlief die Südbahn. Damals noch auf gleichem Niveau wie das Haus. Und vor dem Haus trennten zwei große Schranken die aus gepresster Schlacke aufgeschüttete Hauseinfahrt von den Gleisen der Verbindungsbahn, wie die Wiener Stadtbahn damals hieß. Wollte der Weinhändler Weiss zu seiner im Eiskeller gebunkerten Ware, so hatte der Lkw-Fahrer einen eigenen Schlüssel dabei, mit dem er das Vorhängeschloss, das die Schranken sicherte, öffnen konnte. Ansonsten blieben die Schranken immer geschlossen, was jedoch die fünf Hausparteien des Jägerhauses nicht davon abhalten konnte, die mit zusätzlichen metallenen Gittervorhängen als Unterkriechschutz ausgestatteten Schranken zu umgehen, indem sie die Gitter so weit aufbogen, dass eine erwachsene Person durchschlüpfen konnte. Die Alternative wäre gewesen, einen weiten Umweg zum Hetzendorfer Friedhof oder in die Fasangartengasse über die Hetzendorfer Straße zu machen. Die Abkürzung stellte ein Risiko dar. Doch der in Sichtweite gelegene Friedhof war als Mahnung, es besser bleiben zu lassen, wohl nicht drastisch genug, denn Peter nahm bereits als kleines Kind an der Hand der Mutter oder der Großmutter auf dem Weg in den Kindergarten diese gefährliche Abkürzung. Und er kann sich noch sehr gut daran erinnern, dass das etwas Verbotenes und Gefährliches war.

Am Vorderausgang des Jägerhauses führte, wie schon erwähnt, die sogenannte Verbindungsbahn vorbei. Direkt neben dem Bahndamm führte ein schmaler Weg entlang, Peters Schulweg, der ebenfalls an einem Bahnschranken endete.

Dieser Schranken unterschied sich von denen, die die Verbindungsbahn absicherten, jedoch grundlegend, denn er war sehr kurz, etwa einen Meter lang, da er ja nur diesen schmalen Weg absperrte. *„Ich hatte als Kind meinen eigenen Schranken"*, erinnert sich Peter Cornelius, denn im Jägerhaus wohnten keine anderen Kinder. Doch Ordnung musste sein. Und so gab es einen kleinen Schranken für einen kleinen Buben. Der Schranken war zu, aber ein Schrankenwärter war vor Ort und stand in seinem Schrankenwärterhäuschen. Wenn Peter in die Schule ging, lief jedes Mal das gleiche Szenario ab: Das Kind tauchte beim Schranken auf, und der Schrankenwärter griff zu seiner Kurbel. Schranken rauf, Kind durch, Schranken runter.

Vorne Bahngleise mit Schranken. Hinten Bahngleise ohne Schranken. Bretterzäune grenzten das Grundstück rund ums Jägerhaus ab. Wiese. Blumen. Natur. Die Stadt war gefühlt weit entfernt. Die paar Erwachsenen, die auf dem Flecken Grünland lebten, konnten die Idylle für ein aufgewecktes Kind nicht stören.

Abenteuerlich und zum Teil auch angsteinflößend, aber trotzdem spannend und interessant waren die Lokomotiven, die direkt hinter und vor dem Haus vorbeistampften. Riesen aus schwarzem Stahl. Dampfloks. Fauchend, zischend, nach Kohle und Öl riechend und ihre Kraft nicht verbergend. Die an den großen Dampfloks links und rechts neben dem Kessel angebrachten Seitenteile aus Stahl wirkten auf Peter wie die riesigen Ohren eines noch riesigeren Ungetüms.

Das Einzelkind auf seiner Insel. Seiner eigenen Insel. Ein Naturjuwel, bewacht von Bahnschranken und spannenden Monstern, die alles Böse fernhielten. Dazu eine Oma, die für

Liebe, Zuneigung und Geborgenheit zuständig war. Keine bittere Armut, aber viel gab es – den Zeiten entsprechend – nicht. Vor allem Geld gab es keines auf der Hetzendorfer Insel. Sich etwas „leisten“ zu können, war selten. Aber das tat nichts zur Sache. Ein normales Familienleben mit Mutter und Vater kannte Peter da noch nicht. *„Ohne die Großmutter wäre mein Leben sicher chaotisch verlaufen“*, sagt Peter Cornelius heute. Und setzt hinzu: *„Ich bin in einem Zustand der mehr oder weniger selbstverständlichen Harmonie aufgewachsen. Die Verhältnisse waren sehr bescheiden, aber auf meiner Hetzendorfer Insel fühlte ich mich geborgen. Das Einzige, was in meiner Wahrnehmung nicht harmonisch war, war das Verhältnis meiner Eltern. Da waren diese Spannung und dieser Zorn drin. Aber die waren für mich zu dieser Zeit ja nicht die Hauptdarsteller. Meine Bezugsperson war die Großmutter.“*

Die Entdeckung des Festlands

Die Züge, die mehrmals täglich am Jägerhaus vorbeidonnerten, gehörten zum Leben einfach dazu. Sie zogen die Grenzen zur Welt außerhalb. Dort, außerhalb der Insel, war Festland, und dort wurde noch immer daran gearbeitet, die Stadt wieder aufzubauen. Kriegsschutt wurde zu Baumaterial, zu Fundamenten, auf denen neue Häuser entstanden. Gasleitungen wurden verlegt, Mauern im Akkord hochgezogen. Die Stadt veränderte ihr Gesicht. Glatte Wände statt Gründerzeit-Fassaden.

Der Sommer 1954 war geprägt von extremer Hitze. Die Wiese zwischen den Schienen mit ihren Blumen, Schmetterlingen, Regenwürmern und was sich da sonst noch tummelte, litt genauso wie die ganze Stadt unter massivem Wassermangel, und noch Anfang September rief das Wiener Rathaus die Bevölkerung dazu auf, Wasser zu sparen. Das war für Peter allerdings das kleinere Übel. Viel stärker beschäftigte ihn die Tatsache, dass mit dem 2. September 1954 für ihn eine Zeit anbrach, die ihm von Anfang an nicht gefiel, denn von nun an musste er seine Insel jeden Tag verlassen. Kein langes Ausschlafen mehr, denn ab sofort musste er zeitiger als bisher aufstehen. Seine Großmutter machte ihm das Frühstück, und dann hieß es warten, bis seine Mutter kam und ihn abholte. An ihrer Hand ging es dann Richtung Kindergarten.

Es folgte das tägliche und gefährliche Ritual: Zuerst durch die auseinandergebogenen Speichen des geschlossenen Schrankens hindurch bis knapp an die Gleise der Verbindungsbahn. Stehen bleiben. Nach links und nach rechts schauen. Hören, ob was kommt. Ob die Monster unterwegs sind. Tat sich da was am Horizont, musste man abwägen, „ob es sich noch ausgeht", über die Gleise zu huschen. *„Dieses Gefühl wird man nie ganz los und vor allem die Erkenntnis daraus, dass man im Leben schon auch immer ein bisschen nach links und rechts schauen sollte*", sagt Peter Cornelius und ist eigentlich nicht unglücklich darüber, denn im Showbusiness ist so eine Art Sicherungsknopf im Kopf durchaus brauchbar.

Er erinnert sich auch daran, dass eine Bewohnerin des Jägerhauses eines Tages ihren letzten Weg zu diesen geschlossenen Schranken antrat. Der Zug machte wegen ihr eine Vollbremsung, und das, wovor sich jeder Lokführer fürchtet, war nicht mehr zu verhindern. Die Frau hatte nicht mehr nach links und nach rechts geschaut, sondern sich ganz bewusst vor die Lok geworfen, um ihr Leben zu beenden. Die Züge, die für den kleinen Peter von Beginn an zum Leben dazugehörten, sie gehörten von nun an auch zum Tod. Selbst auf dieser idyllischen Insel.

Außerhalb, am Festland, war die Idylle sowieso mehr als durchwachsen. Das Größerwerden brachte einige unangenehme Begleiterscheinungen mit sich. Eine davon war der Kindergarten. Der war in einer Holzbaracke untergebracht, die in unmittelbarer Nähe der Rosenkranzkirche in Hetzendorf stand. Dunkles, nach Imprägnierung riechendes Holz.

Am Boden Linoleum. Küchengerüche. Auf den Tellern befanden sich zumeist eingebrannte Erdäpfel, Eintöpfe mit Fisolen oder anderes Gemüse. Speziell die Dillsauce, die für seinen Geschmack allzu oft aufgetischt wurde, war für Peter das maximale Geruchs- und Geschmacksgräuel.

Diese Kindergarten-Geruchsmischung hat er bis heute im Gedächtnis gespeichert. Der allergrößte Unterschied zwischen der Insel und dem Festland jedoch war, dass es hier Regeln gab, die befolgt werden mussten. Die Jägerhaus-Insel war hingegen eine regelfreie Zone, und wenn wer was zu sagen hatte, dann war das die Großmutter, und die war alles andere als unnötig streng. Oma war für Liebe und Geborgenheit zuständig, und das Kind folgte intuitiv, weil es schlicht verstand, was man von ihm wollte.

Die Betreuerinnen im Kindergarten, die damals noch „Tanten" genannt wurden, hatten andere Aufgaben als die Großmutter. Hier galt es, eine Horde Kinder unter Kontrolle zu halten, sie zu versorgen, während die Eltern damit beschäftigt waren, das Leben zu meistern. Auf sie aufzupassen und sie zu hüten. Und die zumeist viel zu dünnen Kinder entsprechend zu ernähren. Sprich: Die Kinder brauchten mehr Fleisch auf den Rippen. Der Krieg, Hunger und Mangelernährung waren noch in allzu guter Erinnerung, also mussten die Kleinen gut gefüttert werden.

Doch es kam der Tag, da hatte der Bub einfach keine Lust mehr, diesen Kleister aus Dille und Einbrenn zu essen. Während die anderen Kinder brav ihre Teller leerten, nahm Peter den seinen und drehte ihn um. Der Teller lag wie ein halbiertes Ufo vor ihm. Die Dillsauce lief langsam darunter hervor und suchte sich träge dahinfließend ihren Weg über den großen Tisch. Ein erstes Anzeichen für einen sehr ausgeprägten eigenen Kopf.

Die Reaktion der Tanten fiel entsprechend aus: Ab auf die Matratze zum Mittagsschlaf. Mittagsschlaf! Peter war es gewohnt, dann zu schlafen, wenn ihm die Müdigkeit den Weg ins Bett wies, und nicht, wenn es angeordnet wurde. Da lag er nun mit offenen Augen, und eine Frage beherrschte seine Gedanken: ‚Was mache ich hier? Zu Hause ist es viel schöner!'

Es galt also, die Jahre in der Baracke irgendwie über die Runden zu bringen. Mit den anderen Kindern zu spielen, den servierten Kleister möglichst zu verweigern und die Zeit, die für den Mittagsschlaf vorgesehen war, viel besser für die unterschiedlichsten Gedanken zu nutzen, als sie an unnötigen Schlaf zu verschwenden. Besonders schlimm war es, wenn sich seine Mutter mit dem Abholen Zeit ließ. Ganz schlimm war, als er noch als Einziger in der Baracke war. Fertig hergerichtet zum Abholen, aber da kam niemand, die Mutter hatte sich verspätet. Die Tanten blickten andauernd auf die Uhr, der Kindergarten war leer, und vor allem fehlte die gewohnte Geräuschkulisse. Einsamkeit machte sich breit. Das bleierne Gefühl, vergessen worden zu sein. Irgendwann schnappte Peter sich seine Tasche und wollte sich allein auf den Weg machen. Nach Hause zur Oma auf die Insel. Wie er dorthin kommen würde, wusste er ja, und auch den Schranken könnte er queren. Nach links und nach rechts schauen, ob was kommt. Die Tanten hielten ihn gerade noch rechtzeitig zurück, und dann kam auch schon seine Mutter. Erlebnisse wie dieses verstärkten seine Abneigung gegen den Kindergarten. Wäre er doch lieber daheim geblieben! Da gab es Eidechsen, die sich auf den Gleisen sonnten, Schmetterlingsschwärme, die um Wiesenblumen tanzten, Kastanien, die im Herbst vom Baum fielen und aus denen man alles Mögliche basteln konnte. All das gab es im Kindergarten nicht. Da waren nur viele andere Kinder, die alle brav und widerspruchslos taten, was man ihnen anschaffte. Das und Kleister auf dem Teller. Was er zu diesem Zeitpunkt noch nicht ahnte: Der Kindergarten war bloß das harmlose Vorspiel, die Ouvertüre zum wirklichen Leben – und das hatte noch ganz andere unangenehme Überraschungen auf Lager …

Ein Dreier in „Betragen“

Im Sommer 1957 war Peter dem Kindergarten endlich entronnen und fühlte sich entsprechend befreit. Er genoss die Hitze, die auf seiner kleinen Insel einigermaßen erträglich war, zeigte das Thermometer am 8. Juli 1957 doch einen absoluten Rekordwert von 38,9 Grad an. Noch nie zuvor war es in Wien so heiß gewesen! Doch das war alles auszuhalten, solange er nicht wieder in den Kindergarten musste.

Im Herbst holte ihn dann die neue Realität ein. Wie sich bald herausstellte, konnte das Kindergarten-Erlebnis sogar noch getoppt werden. Ort der Handlung: die Volksschule der Stadt Wien in der Hetzendorfer Straße 138. Heute steht an dieser Stelle ein Wohnhaus, die Schule gibt es nicht mehr. Damals rückte Peter an der Hand seiner Mutter an, um dort seinen ersten Schultag zu verbringen.

Der erste Eindruck bestand darin, dass man sich hinsetzen musste – und zwar nicht dort, wo man sich eigentlich hinsetzen wollte. Denn da kam die klare Ansage: Du dahin und du dorthin. Ab sofort sprach hier nur mehr die Person, die vorne in der Klasse stand und eben ihren Namen an die Tafel schrieb. Die Grundregeln lauteten Ordnung und Disziplin. Der zweite Eindruck war dann die klare Erkenntnis: Im Vergleich dazu war der Kindergarten ein Klacks gewesen, und das Leben, wie er es bisher gekannt hatte, war endgültig vorbei. Aber daran war wohl nichts zu ändern ... Peter verspürte eine Mischung aus Resignation und Schmerz, denn zum zweiten Mal in seinem Leben musste er sich einfach mit etwas abfinden. Ein für ihn bis heute unerträglicher Zustand. Es war eine bittere Angelegenheit.

Eben noch war er auf seiner Insel herumgetollt. Hatte den Sommer und die Ferien genossen. Die Tage bis zum ersten Schultag waren in der drückenden Hitze im Rekordtempo dahingeschmolzen – und jetzt diese neue Erfahrung. Am Ende blieb nur, sich mit einer Mischung aus Widerwillen und Pflichtbewusstsein der Herausforderung zu stellen. Mit dem Ende des Sommers war der Herbst ins Land gekommen. Am Kalender. Im Kopf. Im Herzen.

In den Jahreszeugnissen der österreichischen Pflichtschulen wird auch das „Verhalten in der Schule" beurteilt. „Durch die Noten für das Verhalten des Schülers in der Schule ist zu beurteilen, inwieweit sein persönliches Verhalten und seine Einordnung in die Klassengemeinschaft den Anforderungen der Schulordnung entsprechen", heißt es dazu im Gesetz. Bis zum Jahr 2014 wurde das umgangssprachlich als „Betragensnote" bezeichnet, und je nachdem, was da im Zeugnis stand, war alles, was schlechter als ein Zweier war, schon bedenklich. Ein Dreier in Betragen ging gar nicht. Den hatte man nicht, außer man war als Kind ziemlich unanpassbar und hielt sich an wenig, was mit verordneter Disziplin zu tun hatte. Selbst in weniger autoritären Elternhäusern war es nicht angebracht, einen Dreier in Betragen zu bekommen. Betragensnoten gibt es übrigens bereits in der Volksschule, wo die Kleinen brav wie die Engelein den Lehrerinnen und Lehrern folgen, die ihnen mit liebevoller Autorität Schreiben, Lesen und Rechnen beibringen und sie nach vier Jahren entlassen – denn dann folgen die echten Herausforderungen. In der Volksschule ist man nicht schlimm. Vielleicht ein bisserl übermütig und auch ein wenig frech, aber so schlimm, dass sich das in einer schlechten Betragensnote auswirkt? Nicht in der Volksschule! Außer in Ausnahmefällen. Wie zum Beispiel damals, Ende der Fünfzigerjahre in Hetzendorf. Peter beendete die dritte Klasse mit einem Dreier in Betragen. „*Etwas hatte mich in rasenden Zorn versetzt, es ging offensichtlich um eine für mich haarsträubende Ungerechtigkeit*", erinnert er sich heute nur noch schemenhaft daran, was der eigentliche Auslöser dafür war, dass er ein Tintenfass nach seiner Klassenlehrerin warf. Tintenfässer standen damals auf den Pulten, damit die Kinder ihre Füllfedern auffüllen konnten. Waren diese leergeschrieben, musste man die Federspitze in das kleine Fläschchen tauchen und am anderen Ende des Füllers drehen. Dann sog der Kolben durch die Feder im Füller die Tinte in den Tank. Tintenpatronen aus Plastik gab es noch nicht. Das Tintenfass war somit der am schnellsten erreichbare Gegenstand, um seinem Zorn freien Lauf zu lassen. Und so ein fliegendes Tintenfass hat die unangenehme Nebenwirkung, dass sich die Tinte im Raum verteilt und dort schwer wieder auszulöschende Spuren hinterlässt. Minimaler Aufwand, maximale Wirkung!

Das ¼-Cello

Beim ¼-Cello handelt es sich um ein Instrument mit einer Korpuslänge von etwa 59 Zentimetern. Es eignet sich gut für Kinder, die Cellospielen lernen wollen.

Es war in der ersten Klasse Volksschule, als die Großmutter durch Zufall das musikalische Talent ihres Enkels erkannte und mit Peter das Musikkonservatorium aufsuchte, um aus berufenem Munde zu hören, ob sie mit ihrer Erkenntnis richtiglag.

Der Professor verwickelte das Kind zuerst in ein freundschaftliches Gespräch über Musik, um dann am Klavier verschiedene Akkorde vorzuspielen. Das ist ein Dur-Akkord, und das ist ein Moll-Akkord. Dann folgte erneut eine zwanglose Plauderei, bis er sich wieder dem Klavier zuwandte und in die Tasten griff. Was ist das – Dur oder Moll? Das Kind antwortete richtig, und der Professor befand nach einigen weiteren Tests, dass der Junge über eine außergewöhnliche musikalische Begabung verfügte. Der Mann war selbst Musiker in einem Orchester, und bald darauf war Peter sein neuer Schüler. Die Großmutter organisierte von irgendwoher ein ¼-Cello, und einmal die Woche saßen die beiden in der Straßenbahn, das Cello mit im Gepäck, und fuhren zum Cello-Unterricht ins Konservatorium.

Dass Peter ein derart feines Gehör hatte, glich ohnehin einem Wunder. Denn es hatte so ausgesehen, als würde sich sein Gehörsinn in die genau entgegengesetzte Richtung entwickeln. In seiner Zeit im Jägerhaus wurde er insgesamt sechsmal von einer schlimmen Mittelohrentzündung heimgesucht. Die Schmerzen waren unerträglich, aber noch schlimmer war, dass er zwischendurch schlechter zu hören schien – zum Glück aber immer nur vorübergehend. Das und narkolepsieähnliche Schlafattacken, bei denen es der Großmutter und der Mutter oft nicht möglich war, das Kind wieder munter zu bekommen – der Bub wachte nicht einmal auf, wenn sie ihn an den Füßen hochhielten und dabei kräftig schüttelten –, waren Anlass zur Sorge. Überhaupt waren unterschiedliche Krankheiten die unangenehmen Begleiter seiner Kindheit. Damit musste er sich abfinden, und auch der in ihm von Anfang an gut verankerte Widerstandsgeist wurde durch seine Kinderkrankheitsgeschichten immer wieder aufs Neue befeuert. Die Ohrenentzündungen wurden mittels eines heißen Leinsamenkissens bekämpft, die Ursache der narkolepsieähnlichen Zustände – dieses nicht bei sich Sein – ist bis heute nicht geklärt. „*Ich glaube, dass ich damals aus mir herausgetreten bin*“, sagt Peter Cornelius. „*Ich sehe auch manchmal in der Erinnerung den Garten aus einer Perspektive, in der ich auf gar keinen Fall sein konnte – nämlich mehr oder weniger aus der Luft.*“ Später erfuhr er, dass das kleine Zimmer, in dem er im Jägerhaus schlief, einst als Sterbezimmer verwendet worden war. Er schlief also im ehemaligen kleinen Sterberaum.

Peter liebte sein Cello. Der Klang des Instruments hatte das Kind von Anfang an fasziniert. Einmal hörte er seinen Lehrer, den Orchestermusiker, bei einem Konzert. Er saß neben der Großmutter im Konzertsaal, und an den Stellen, wo das gesamte Orchester mit voller Kraft aufspielte und die Wucht der Musik unglaublich intensiv zu spüren war, glaubte er, sich in einer anderen Welt zu befinden. Seine erste musikalische Prägung verdankte er also der Klassik.

Der Faszination wurde jedoch ein jähes Ende bereitet. Und das eher zufällig. Ein Arzt sah Peter beim Cellospielen zu, und ihm fiel sofort auf, dass sich die Finger des Kindes dabei stark durchbogen. Zu stark, was dauerhafte Schäden nach sich hätte ziehen können. „Deine Knochen sind noch zu weich. Du musst mit dem Cellospielen noch mindestens ein, zwei Jahre warten", empfahl der Arzt. Doch statt zu warten, beschloss er, das Cellospielen sein zu lassen. Der Trennungsschmerz hielt sich in Grenzen. Jetzt musste er das Instrument nicht mehr durch die Gegend schleppen, und auch die nervigen Fahrten mit der Straßenbahn waren Geschichte. Außerdem hatte das Leben noch so viele andere spannende Seiten. Wäre da bloß nicht die Qual gewesen, täglich in die Hetzendorfer Straße 138 pilgern zu müssen. Wie sollte er es hier bloß vier Jahre lang aushalten? Das war ja eine Ewigkeit! Doch dann passierte etwas völlig Unerwartetes – und das Ergebnis war, dass die dritte Klasse Volksschule sein letztes Schuljahr in Hetzendorf war. Die vierte Klasse absolvierte er bereits in Hadersdorf.

Das verflixte dritte Jahr

Doch nicht das Tintenfass war schuld daran, dass Peter die Volksschule in Hetzendorf verließ. Er flog keineswegs von der Schule, nur weil er einen Dreier in Betragen hatte, sondern sein Leben bog einfach in eine andere Richtung ab, was ihn allerdings völlig unvorbereitet traf. Der Grund: Seine Eltern hatten von einer Tante ein Holzhaus geschenkt bekommen, das für sein Leben sehr wichtig werden würde. Und nicht nur das Zuhause war neu, sondern auch das Familienleben. Die Eltern holten ihn von seiner Hetzendorfer Insel und beschlossen, dass er von nun an bei ihnen leben sollte. Also zogen alle drei nach Hadersdorf. Mutter. Vater. Sohn. Das machte natürlich auch einen Schulwechsel notwendig. Mit dem Betragens-Dreier im Gepäck ging es Richtung vierte Klasse, und Hadersdorf war ein anderes Pflaster als Hetzendorf.

Hadersdorf-Weidlingau. Ein Teil des 14. Wiener Gemeindebezirks und im Westen der Stadt und somit auch bereits im Wienerwald gelegen. Idylle pur. Mauerbach inklusive. Die Wiener nennen diesen Winkel der Stadt gerne „Ha-Wei“. Statt Palmen gibt es die Laubbäume des Wienerwalds, und Vulkane braucht es auch nicht. Dafür gibt es da jede Menge Wanderwege, die an Wochenenden auch sehr gerne von den Wienern frequentiert werden.

Plötzlich Familie. Ein eigenartiges Gefühl. Der Vater plötzlich so nahe wie nie zuvor. Karl, in den Jahren vor dem Krieg von seinen Freunden auch „der schöne Charly von der Wieden" gerufen, war keiner, dem man blöd kommen durfte. Vor allem, als 1938 die Braunhemden in Wien auftauchten und glaubten, sich in Fragen der Frisur und in andere Dinge einmischen zu müssen und so versuchten, der Individualität einen Riegel vorzuschieben, um aus dem Charly einen deutschen Kerl zu machen. Das ließ der nicht zu und setzte sich zur Wehr. Er und seine Partie stellten sich dem neuen Wind, der da wehte, entgegen, indem sie die Aufforderung, ihre Frisuren gefälligst denen der Hitlerjugend anzupassen, damit beantworteten, dass sie den Braunhemden energisch die Fresse polierten. Es kam, wie es kommen musste. Bald darauf wurde er von einem der Braunhemden wiedererkannt, festgenommen und in ein Arbeitslager nach Rostock verbracht. Später wurde er eingezogen und als Flakhelfer zu den Leunawerken in Mitteldeutschland abkommandiert. Die Leunawerke waren ein kriegswichtiger Betrieb, und da Deutschland über keine eigenen Ölvorkommen verfügte, war man bereits längere Zeit vor Kriegsbeginn damit beschäftigt gewesen, synthetischen Treibstoff herzustellen. Die Leunawerke spielten dabei die Hauptrolle und waren somit erklärtes Ziel der regelmäßigen Kettenbombenangriffe seitens der alliierten Luftwaffe. Im Mai 1944 brach dort endgültig die Hölle los, und bis zum Kriegsende prasselten die Bomben auf die Flakbesatzungen nieder. Zweimal blieb Karl nach einem Treffer als Einziger der jeweiligen gesamten Flakbesatzung unverletzt. Ein unvorstellbares Glück im täglichen Horror.

„Irgendwann kamen die Nazis mit dem Ansinnen, dass die ganze Kompanie, in der sich mein Vater befand, geschlossen zur SS überzutreten hat. Mein Vater war mit einem Hambur-

ger befreundet, und der wusste, dass die Marine so gut wie nicht mehr existierte. Worauf die beiden ihren sehnlichsten Wunsch, dem Vaterland zur See zu dienen, kundtaten. Nun konnte man nicht offiziell zugeben, dass die Marine, laut Schilderung meines Vaters, damals so gut wie nicht mehr vorhanden war und schickte die beiden kurzerhand nach Hause."

In der Endphase des Krieges wurde Karl verhaftet und von den Nazis als wehrunwillig zum Tode verurteilt. Er landete mit einigen anderen in einem Holzverschlag am Mauerbach. Doch es gelang ihm, an der Rückseite der Holzbaracke ein Brett zu lösen, und er entkam. Die Flucht durch den Bach und die letzten Kriegstage überlebte er im Wald. Der Mann hatte Glück, den Krieg jedoch bekam er definitiv nie mehr aus dem Kopf. Das Erlebte hatte ihn aus der Bahn geworfen, und er konnte nie wieder richtig Tritt fassen. Gesprochen hat er selten darüber.

„Ich wollte manches Mal mehr über sein Leben in dieser verheerenden Kriegszeit wissen. Auf genauere Schilderungen darüber, was im Krieg alles geschehen war, hat er sich allerdings nicht gerne eingelassen. ‚Manches Mal', sagte er mit einem bitteren, aber weisen Lächeln im Gesicht, ‚wenn wir, ich und meine Mitsoldaten, in einer Situation waren, in der wir das Gefühl hatten, es gibt keinen Ausweg mehr, hieß es bei uns: Verrat, Verrat, wir san im Arsch.' Galgenhumor war die Grundtonart der in diesem Krieg verheizten jungen Männer. Einmal sagte er zu mir: ‚Was soll ich dir über den ganzen Dreck erzählen? Kümmer dich nicht darum, wie es mir damals ergangen ist, sondern konzentrier dich darauf, was du heute tust.' Das war einer seiner Standardsätze, die er mir immer wieder mitgab.

Er war ein am Leben gescheiterter, aber kluger Mann. Das war für mich eine herzzerreißende Erkenntnis."

Gemeinsamkeiten zwischen Vater und Sohn sind durchaus vorhanden. Die Art, wie sie die Dinge betrachten. Wie sie Menschen sehen. Wie deren Handeln oft völlig unverständlich ist. Wobei dem Sohn der Vater in seinen Ansichten manchmal zu trocken und praktisch war. Einer seiner Sprüche lautete: „Gib keinem einen Rat. Ein G'scheiter braucht keinen, und ein Depperter befolgt ihn eh nicht." Dieser Spruch könnte auch von Cornelius selbst stammen. „*Mein Vater war ein Philosoph*", meint der Sohn. „*Durch den Krieg und durch sein Leben bitter geworden, sagte er oft zu mir: ‚Denk nicht über alles ständig zu tief nach, sonst bleibt dir zu wenig Zeit, um zu leben.*'"

Karl, der gelernte Tischler, hatte eine natürliche künstlerische Ader. Er spielte ein wenig Theater, betätigte sich schriftstellerisch, hatte aber am Ende nie die notwendige Beharrlichkeit, die Dinge durchzuziehen. „*Er war zwar gern in Gesellschaft und hatte wirklich gerne etwas zu lachen, aber trotzdem blieb er irgendwie ein einsamer Wolf*", sagt Peter über seinen mittlerweile verstorbenen Vater. „*Etwas von diesem Wesen des einsamen Wolfs habe ich mitbekommen. Ich lebe es nicht, aber es ist oft als Sehnsucht da. Als Sehnsucht, mich von allem loszulösen.*"

Das Eheleben der Eltern blieb bis zum Schluss unharmonisch. Der Sohn buchte das unter „Das ist halt so" ab – unheilbar. Er war sich damals schon sicher, dass hinter all den sorgsam aufgebauten Fassaden der anderen Familien, bei Freunden, Bekannten, Nachbarn auch nicht nur eitel Wonne herrschte. Also ging es darum, sich in erster Linie um sich selbst zu kümmern, und dazu gehörte jetzt auch, die neue Umgebung in Hadersdorf zu erkunden.

Wieder war Peter auf einer Insel gelandet. In der weiteren Umgebung um das Holzhaus war Natur pur. Wiese, Wald, urwaldartige kleine Auen, der Mauerbach. Da schwammen damals tatsächlich noch Forellen herum. Was für ein märchenhafter Luxus für einen Zehnjährigen!

Hin und wieder verließ man die Insel. Zum Beispiel wenn der Vater das alte Ariel-Motorrad anwarf und Peter mit seiner Mutter im Beiwagen saß. Neben ihm der heiße Motor, die Hitze auf der einen Gesichtshälfte, die Stiefel des Vaters. Das Motorrad machte einen imponierenden Lärm, der Beiwagen wurde, wenn eine Kurve einmal zu flott genommen wurde, leicht angehoben, und auf derart abenteuerliche Art fuhren die drei durchs Irenental im Wienerwald. Der Vater hatte eine Angel dabei, und die beiden versuchten immer wieder, im dort fließenden Bach Fische zu fangen. *„Im Großen und Ganzen blieb es beim Versuch"*, so Cornelius, dem die Ausflüge ins Irenental aber aus einem ganz anderen Grund bis heute in Erinnerung geblieben sind. Die Ariel, 600 Kubikzentimeter, 18 PS stark, ein englisches Motorrad, das bis Ende der Fünfzigerjahre gebaut wurde, hatte die Angewohnheit, dass der Vergaser, wenn die Maschine warmgefahren war, abgestellt und später wieder gestartet wurde, zu brennen begann. Karl kannte das Phänomen bereits und war daher bei Ausfahrten entsprechend gerüstet. Ein Bündel Fetzen war stets griffbereit, und damit wurde der Brand schnell erstickt. Komplett abgebrannt ist die Maschine nie, *„aber für mich als Kind war es ganz normal, dass Motorräder, wenn sie nach einer Ausfahrt am Abend wieder gestartet werden,* *eventuell zu brennen anfangen. Auch heute, wenn ich den Namen Ariel höre, läuft dieser Film vor meinem inneren Auge ab. Ich sehe das Motorrad, das Feuer, die Eltern, wie sie mit den Fetzen das Feuer löschen. Ich spüre noch immer, wie ich bei meiner Mutter in dieser großen Zigarre hocke, daneben dieses heiße, stählerne, unberechenbare Etwas, das mir vorkam wie ein selbstverständlicher Teil unseres Lebens. Und dazu mein Vater, der uns, als wäre es das Normalste von der Welt, immer sicher damit nach Hause brachte.*"

Und dann der Schulwechsel. Die vierte Klasse Volksschule in Hadersdorf. Da eilt einem mit einem Dreier in Betragen schon ein bestimmter Ruf voraus, und die Lehrerschaft war entsprechend darauf eingestimmt, welches Früchtchen ab nun hier die Schulbank drücken würde. Hadersdorf war nicht vergleichbar mit Hetzendorf. Hier ging es eindeutig viel rauer zu, aber das war zu schaffen. Die Kinder waren andere, überhaupt war alles anders, und die Großmutter war weit weg. Zeit, das Jägerhaus zu vermissen, hatte Peter nicht. Er musste sich eingewöhnen, seinen Platz in der neuen Umgebung einnehmen, sich in der Klasse behaupten. Und das funktionierte soweit recht gut. Der Betragen-Dreier galt bei den Lehrern zwar als Malus, aber unter den Schülern bist du damit ein harter Hund. Einer, mit dem man sich besser nicht anlegt!

Wie ein junger Hund im alten Bunker

Das Holzhaus in Hadersdorf wird für viele Jahre Peters Hafen bleiben. Selbst zu einer Zeit, als die Karriere als Singer-Songwriter bereits auch international durch die Decke gegangen war, kam er immer wieder in dieses so vertraute Haus zurück. In seinem Zimmer richtete er sein erstes Demostudio ein, und überhaupt, so erinnert sich Cornelius, *„hatte das Haus eine gute Schwingung. Dieses so wichtige Zimmer hatte mein Vater als Anbau für mich gebaut, damit ich mein eigenes Zentrum im Haus hatte. Mir ist erst heute klar, wie wichtig es war, dass er die viele Mühe und körperliche Anstrengung auf sich genommen hat, um mir mein eigenes kleines Reich zu schaffen.*" Viele seiner Songs sind dort im Laufe der Zeit entstanden. Darunter auch der Song, der diesem Buch den Titel gibt. Aber von Musikmachen war in der vierten Klasse Volksschule noch keine Rede.

Die Volksschule ging vorbei. Was folgte, war die Hauptschule. Damals noch unterteilt in A- und B-Zug. Dabei handelte es sich nicht bloß um eine alphabetische Reihung, sondern um in Leistungsgruppen geführte Parallelklassen. In den B-Zug wurden jedoch nicht immer nur die schwächeren Mädchen und Buben gesteckt, sondern oft auch jene, die nicht gerade zu den „Braven" zählten. Auch Leistungsunwilligkeit war eher eine Eintrittskarte in den B-Zug als eine Empfehlung für den A-Zug. Peter Cornelius fand sich im B-Zug der Hauptschule Hadersdorf wieder. Schuljahr 1961/62. Etwas später kam er in den A-Zug, weil er sich mehr anstrengte und mehr lernte. Wegen eines Mädchens, das ihm wahnsinnig gut gefiel – und die war nun mal im A-Zug, und mit der wollte er im gleichen Klassenzimmer sitzen, damit er sie den ganzen Tag sehen konnte.

Kurz vor seinen letzten Sommerferien vor dem Übertritt in die Hauptschule trafen John F. Kennedy, Präsident der Vereinigten Staaten, und Nikita Chruschtschow, Regierungschef der Sowjetunion und Parteichef der KPdSU, zu einem historischen Gipfeltreffen in der Wiener Hofburg zusammen. Dass Chruschtschow und seine Frau die Nacht vom 4. auf den 5. Juni 1961 in der ehemaligen Residenz des sowjetischen Botschafters, ganz in der Nähe von Peter Cornelius' heutigem Zuhause, verbrachte, interessierte den Zehnjährigen damals überhaupt nicht. Er hatte schlichtweg andere Prioritäten. Heute, weit mehr als 50 Jahre später, hat sich Cornelius längst zu einem höchst geschichtsinteressierten Menschen entwickelt, mit dem sich vortrefflich und stundenlang über Geschichte, Gesellschaftspolitik und entsprechende Entwicklungen diskutieren lässt.

Der Zehnjährige hatte jedoch anderes im Kopf, und Musik spielte dabei noch überhaupt keine Rolle. Fußball war weitaus interessanter. Dann noch im Winter Eislaufen, Schifahren und Eishockey Spielen, bevorzugt am zugefrorenen Wienfluss. Blöd war nur, dass durch die Weitläufigkeit des Flusslaufs der Puck oft so weit flog, dass er nicht mehr zu finden war. Und Pucks waren kostbar, weil sie Geld kosteten. Geld, das die Jungs nicht hatten.

Peter hatte für sich ein wahrlich spezielles Trainingsareal entdeckt: den einstigen Hadersdorfer Postbunker. Erbaut im Zweiten Weltkrieg, hatte dieses Betongebäude die Fernmeldezentrale für die Fernmeldeleitung von Berlin nach Rom beherbergt. Die Telefonleitung hatte die beiden einst unter dem Namen „Achsenmächte" verbündeten Länder Deutschland und Italien verbunden.

Zu Kriegszeiten war die Anlage eine hochmoderne Einrichtung gewesen. In den frühen Sechzigerjahren war sie ein durch Bombentreffer schwer beschädigtes, mehrere Stockwerke in die Tiefe führendes Gebäude. Durch einen Grundwassereinbruch füllte sich der Bunker mit glasklarem Wasser, und wenn die Winter hart genug waren und die Temperatur entsprechend weit unter null fiel, bildete sich ebenso glasklares Eis. Was für ein Bild: der alte Bunker, die kalten Betonmauern und das klare Wasser, das tiefe und weite Blicke in den Untergrund des Gebäudes zuließ. Menschen waren da selten anzutreffen, der Ort war auf seine Art anziehend und unheimlich zugleich. Für Peter war der Bunker der perfekte Platz, um Slapshots zu trainieren – das ist eine besondere Schusstechnik beim Eishockey. Der Puck erreicht dabei eine besonders hohe Geschwindigkeit, und die Bunkerwände verhinderten, dass er ins Nirwana geschossen wurde. Im Bunker übte Peter stundenlang. Allein. Der Aufschlag des Pucks an der Wand wurde durch den natürlichen Hall der Betonwände noch verstärkt. Tack. Tack. Tack. Immer wieder. Bis der Abend anbrach. Für die Matches am Wienfluss war das die perfekte Vorbereitung. *„Es war faszinierend unheimlich, in diesem Trainieren zu versinken – wie in einer anderen Welt. Und ich hatte sehr oft das Gefühl, dass* *ich nicht allein bin, war aber im Frieden damit*", erinnert sich Peter Cornelius.

Fiel der erste Schnee – was im Wienerwald damals eine dünne, vielleicht gerade einmal zehn Zentimeter dicke weiße Schicht bedeutete –, holte der junge Cornelius seine Schier aus dem Haus. Das waren im Grunde genommen alte Latten, die der Vater irgendwo aufgetrieben hatte. Sie verfügten aber bereits über an den Seiten angeschraubte Stahlkanten. Auf diese alten Bretter trug er als neuen Belag einen Laufflächenlack auf, damit der Schnee nicht zu sehr daran kleben blieb. Karl, der Tischler, richtete die beiden Schi so her, dass sie gut genug waren, um damit die Hohe-Wand-Wiese in Mauerbach hinunterzubrettern. Einen Schlepplift gab es damals noch nicht. Der wurde erst 1966 eröffnet, und so galt es, den Hang hinaufzusteigen. Immer wieder. Den ganzen Tag lang. Ein mühsamer Aufstieg, nur um dann in einer knappen Minute den Spaß des Hinunterfahrens zu genießen. Es war es wert.

Kreativität bewies Peter auch darin, dass er sich in einem Wald, weit oberhalb der Hadersdorfer Siedlungen, zwischen den Bäumen mit den Schiern einen Parcours ausgetreten hat. Dicke Baumstämme dienten als Slalomstangen. Denn schließlich braucht kein Mensch echte Slalomstangen, wenn man um Buchen kurven kann. Geschicklichkeit und Glück hatte er mit im Gepäck. Gröbere Unfälle sind nicht überliefert. Erfindergeist und Improvisationstalent ersetzten das fehlende Geld, das es für Liftkarten gebraucht hätte. Dann und wann aber konnte er seinen Vater überreden, und es ging mit dessen altem Lloyd – einem Auto aus den Werken der NAMAG, was für Norddeutsche Automobil- und Motoren-

Actien-Gesellschaft steht – nach Türnitz ins niederösterreichische Mostviertel und dort rauf auf den Eibl. Der Lloyd war schwach motorisiert und im Grunde ein altes, immer leicht kaputtes Auto. Eine Begutachtungsplakette – sprich: ein Pickerl – gab es damals noch nicht, was dazu führte, dass es selbst mit Löchern in der Bodenplatte auf die Straße ging. Blöd nur, wenn auch der Auspuff ein Loch hatte, aber deswegen zu Hause zu bleiben, war keine Option. Sterben durch Auspuffgase noch weniger, weshalb einfach die Fenster geöffnet wurden. Die Auspuffgase zogen also durch die Löcher in der Bodenplatte in den Innenraum und dort durch den Fahrtwind ins Freie. Problem gelöst. Kalt war es, aber man war ja für den Schiausflug adjustiert. Heizung hatte der Wagen keine, also musste während der Fahrt das Eis von der Innenseite der Scheibe gekratzt werden. Bei seinem Vater galt als allererste Regel immer, dass man sich zu helfen wissen muss.

Die Experimentierfreude erstreckte sich auch auf den Sommer, da diente der Eishockey-Bunker für erste tauchphysikalische Entdeckungen außerhalb der Lobau. Gemeinsam mit einem Freund ging Peter daran, mittels eines Gartenschlauchs und einer daran befestigten Luftmatratzenpumpe Luft in den Schnorchel zu pumpen. *„Diese Luftmatratzenpumpe-Gartenschlauch-Schnorchel-Kombination war meine Erfindung.“* Peter im eiskalten, tiefen, flaschengrünen, klaren Bunkerwasser. Mit Tauchermaske ausgerüstet, dem Schnorchel im Mund und dem Freund an der Luftpumpe. Das Experiment war nicht wirklich von Erfolg gekrönt und wurde auch wegen des selbst im Sommer saukalten Wassers bald wieder abgebrochen.

Schnorcheln war aber eine der ganz großen Leidenschaften des Heranwachsenden. Mit seinen Eltern ging es im Sommer regelmäßig in die Lobau. Im Becken 1 des niemals fertiggestellten „Donau-Oder-Kanals" – die Donauinsel war noch lange nicht gebaut – trieb er sich stundenlang im Wasser herum. Entweder etwas kräfteschonend von der Luftmatratze aus, den Kopf mit der Taucherbrille ins Wasser gesenkt, oder schwimmend und tauchend. Unter Wasser war die Welt still und friedlicher als oben.

Er liebte es, an den Algenwäldern vorbeizuschweben, und erst wenn die Lippen mehr blau als rot waren, gelang es seiner Mutter, ihn zu überreden, aus dem Wasser zu kommen. *„Ich kann mich an eine Situation erinnern, wo ich aus dem Auto heraus – ich konnte es nicht erwarten, in mein geliebtes Wasser zu springen – den heißen Schotter zum Ufer hinunterrannte, mich in das Wasser stürzte, eintauchte und mich unter Wasser genussvoll wie ein Delphin drehte. Es war ein Zustand totaler Losgelöstheit, absoluter Freiheit, und erst dann ging ich wieder hoch und holte mir Taucherbrille und Flossen, um wie sonst auch immer stundenlang zu schnorcheln."*

Der einstige Postbunker existiert heute nicht mehr. Er wurde bereits vor Jahren abgetragen, und dort, wo er stand, befindet sich nun eine Siedlung. Mit ihm verschwand auch der mit Ziegelscherben an die Bunkerwand geschriebene Name The Sounders. Es war, wenn man so will, der erste Bandname von Peter Cornelius. Gemeinsam mit einem Schulfreund hat er dort gerne gesungen. Die Akustik war hervorragend, der natürliche Hall großartig.

Plötzlich Familie

In einem der langen Bunkerräume, zwischen Betonsäulen, aus denen Stahlhaken herausragten, zwischen Schutthaufen und anderen Hinterlassenschaften des Krieges sangen The Sounders Lieder, die man zu dieser Zeit im Radio erstmals zu hören bekam.

1963 tauchten in den englischen Charts schließlich zum ersten Mal die Beatles mit „She Loves You" auf. The Beatles, Gerry & The Pacemakers, The Searchers und Cliff Richard gaben in den UK-Charts den Ton an. Sie alle und Elvis Presley, der mit „Devil in Disguise" den Übergang von den Fünfzigern in die Sechziger geschafft hatte. Während im Jahr davor, 1962, noch eher die Rockabilly-Helden aus den Fifties in den englischen Charts zu finden gewesen waren, zeigte sich 1963 ganz deutlich, dass eine andere Zeit angebrochen war. In England. Auf der Insel. Im beschaulichen Wien sollte es damit noch etwas dauern und im noch beschaulicheren Hadersdorf noch ein wenig länger.

Dort im Holzhaus war Musik vorerst nach wie vor kein Thema. Viel bedeutender war das Zusammenleben mit den Eltern. Und das war für Peter anfangs eine eher eigenartige, vor allem bisher unbekannte Angelegenheit. Plötzlich Eltern. Plötzlich Familie. Auf einmal war etwas eingetreten, das er so nicht kannte, und damit musste er erst einmal umgehen lernen. Da war natürlich auch die Hoffnung, dass sich alles im Laufe der Zeit zu einem typischen und normalen Familienleben zusammenfügen würde, aber diese Hoffnung wurde bald begraben. Der Umgang der Eltern miteinander, die Erfahrung, wie böse Menschen zueinander sein können, endete in der Erkenntnis, dass Erwachsene allesamt nicht ganz dicht sind und man ihnen am besten aus dem Weg geht. Kam die Verwandtschaft auf Besuch, war der Bub weg. Wie ein geölter Blitz ab in den Wald, hoch zum Bunker oder mit dem Fahrrad zum Mauerbach. Lieber dort am Wasserfall in Steinbach spielen, als diese Besuche zu ertragen. *„Ich musste mir einen inneren Ignorator wachsen lassen und ihn auf eine ganz hohe Stufe einstellen, so zwischen 95 und 100 Prozent. Ich hatte angesichts dessen, was ich beobachtet hatte, selbst überhaupt keine Ambitionen, jetzt dringend erwachsen werden zu wollen. Das erschien mir absolut nicht erstrebenswert*", sagt Cornelius heute. Er empfand, dass die Kriegsgeneration eine negative Ausstrahlung hatte und entschied für sich, Erwachsenen eher aus dem Weg zu gehen.

Also begegnete er der Erwachsenenwelt mit einer gehörigen Portion Ignoranz. Seine Eltern konnte er nicht ändern, und so schüttete er seine Sehnsucht nach Familie einfach in sich zu. So etwas wie ein harmonisches Familienleben gab es offenbar grundsätzlich nicht. Oder zumindest war so etwas ganz selten zu finden. Das ist mit Menschen eben so, und wenn man als Kind beobachtet, wie Beziehungen immer wieder zerbrechen, reift irgendwann die Erkenntnis, dass das die Natur offenbar so eingerichtet hat. Es geht wohl nur um den Weiterbestand der Spezies. Und dazu braucht es nicht zwangsläufig Liebe und Harmonie.

Den „Ignorator" trug Cornelius auch noch als Erwachsener wie ein Schutzschild mit sich, „*denn die ewigen Streitereien der Eltern hätten mich sonst ausgelaugt*", wie er sagt und spricht im selben Atemzug von „*energetischem Vampirismus. Und wenn du dem ausgesetzt bist, dann bist du anschließend leer und kannst deinen Zustand nicht genauer definieren. Ich habe dann solche Situationen als eine leere, traurige Hülle verlassen, bin zu meinem Bach oder auf meine Wiese gegangen, und es hat immer eine Zeit lang gebraucht, bis ich mich davon erholt hatte.*" Die Machtlosigkeit, nichts tun zu können. Nichts dagegen. Nichts dafür. Das ist eine schlimme Erfahrung. „*Was mir, als ich schon erwachsen, berühmt und erfolgreich war, daran wahnsinnig leidgetan hat, war, dass ich dieses Joch, dieses Zerwürfnis, das immer schwelend da war, meinen Eltern nicht abnehmen konnte.*" Und nach einer kurzen Pause: „*Es war mir dann in den Achtzigerjahren möglich, vieles im Leben zu verändern. Ich konnte manches positiv beeinflussen, was vorher ausgeschlossen war, aber in diesem Fall konnte ich nichts tun. Es wäre wahrscheinlich auch sinnlos gewesen. Mein Vater hätte mich nur angeschaut, und es wäre gar nicht nötig gewesen, dass er es ausspricht, ich hätte in seinen Augen gelesen, was er meint: ‚Du wirst jetzt unser mehr oder weniger völlig verpfuschtes Leben nicht im Nachhinein reparieren können. Lass es!' So wie er immer gesagt hat: ‚Interessier dich nicht dafür, was ich mach, interessier dich lieber dafür, was du machst, und zwar so intensiv wie möglich.'*"

Peters Eltern waren in all den Jahren in gemeinschaftlicher Uneinigkeit bis hin zum blanken Hass miteinander verbunden. Irgendwann ließen sie sich scheiden, nur um einander später erneut zu heiraten. Die zweite Chance. So nach dem Motto „Jetzt wird alles besser". Nichts wurde besser. Schließlich dann das endgültige Ehe-Aus, das die Fronten aber nicht klärte, sondern bloß verhärtete. Der Sohn kaufte der Mutter eine Wohnung, in der Hoffnung, dass die räumliche Trennung Spannungen abbauen würde. Der Vater sollte noch eine Weile im Haus in Hadersdorf wohnen, musste auf Druck der Mutter aber schließlich dort ausziehen.

Der Hass regierte bis zum Schluss. Bis ein schwerer Schlaganfall die Mutter traf und der Sohn am Flughafen in Wien, wo er eben ankam, ausgerufen wurde. Notfall. Im Krankenhaus bekam er einen weißen Kittel zum Überziehen in die Hand gedrückt und wurde mit Plastiküberzügen an den Füßen zum Sterbebett der Mutter geführt. *„Ich habe zu ihr gesprochen, noch versucht, sie mit dem Leben zu versöhnen, aber ich bin sicher, es ist beim Versuch geblieben. Zu glauben, dass das gelungen ist, wäre Selbstbetrug.*" In dieser Nacht ist seine Mutter gestorben.

Die Beerdigung fand ohne das Beisein von Karl statt. Das hat Peter wütend gemacht. Damals hatte er dafür wenig Verständnis. *„Ich hätte mir von ihm erwartet, dass er der Zeremonie zumindest aus einiger Entfernung beiwohnt"*, sagt er.

Der Kontakt zum Vater war schon seit Jahren nur mehr spärlich vorhanden. Karl lebte seit 1986 mit einer anderen Frau zusammen, und Peter hielt lediglich über die Cousine Kontakt zu ihm. Diese Cousine war es auch, die Peter und Ulrike berichtete, dass der Gesundheitszustand des Vaters sich sehr verschlechtert hatte. Daraufhin nahm der Sohn den Kontakt zum Vater wieder auf und hielt ihn bis zu Karls Tod 2012 aufrecht.

Karl starb im Wilhelminenspital im 16. Wiener Gemeindebezirk. Der Pavillon hatte die Nummer 29. Peter Cornelius ist weit davon entfernt, Zahlenmystiker zu sein und hat auch nie ernsthaft versucht, Zahlensymbolik zu deuten, aber die 29 begleitet ihn seit dem Tag seiner Geburt. „*Es ist verrückt, aber die 29 kommt so oft in meinem Leben vor. Meine erste wirklich gute Gitarre, eine Guild, hat in der Seriennummer am Schluss eine 29, meine Frau in ihrer Geburtsurkunde, das Studio in New York, in dem ich begonnen habe zu produzieren, lag in der 29. Straße. Das sind nur einige Beispiele, aber wie auch immer, diese Ziffer zieht sich seit meiner Geburt am 29. Januar 1951 durch mein ganzes Leben.*"

Viele Jahre später, 2017, hat Cornelius auf seinem Album *Unverwüstlich* im Song „Kinder spüren" diese Kindheitserinnerungen aufgearbeitet. Live auf der Bühne hatte er dieses Lied schon seit einiger Zeit im Programm. In seiner Moderation spricht er darüber, dass er es schon vor dem Ableben der Eltern geschrieben hat, es aber nicht aufnahm und auch nicht öffentlich aufführte. „*Ich konnte nicht, und ich wollte den beiden alten Leuten nicht auf diese Weise mitteilen, was ihr Verhalten bei mir ausgelöst hat. Sie hätten es wahrscheinlich ohnehin nicht verstanden.*" Die Reaktionen des Publikums waren jedes Mal eine Bestätigung dafür, dass die Seele einfach nicht vergisst. Verschüttet geglaubte Erinnerungen brechen sich irgendwann wieder Bahn. Da kann der innere Ignorator noch so perfekt kalibriert sein. Dazu kommt noch die Erkenntnis, dass es natürlich nicht nur ihm so ergangen ist. Das ist aber kein Trost. Sollte es in all den gesammelten Erfahrungen aus dem Leben und dem Verhältnis der Eltern eine einzige positive Erfahrung gegeben haben, dann die, „*dass ich auf gar keinen Fall in meinem späteren Leben auch so werden möchte. Meine Antenne Menschen gegenüber ist sehr sensibel. Das ist mein Wesen. Ich würde mich oft gerne anders haben, aber ich kann es mir nicht aussuchen. Also muss ich sehr darauf achten, dass ich nicht ohne es zu bemerken auch bitter werde.“*

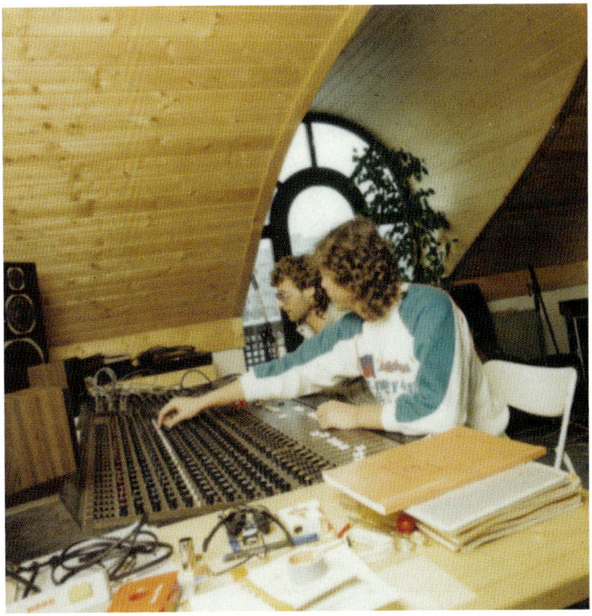

Mit Michael Cretu in Cornelius' Studio in Ottobrunn

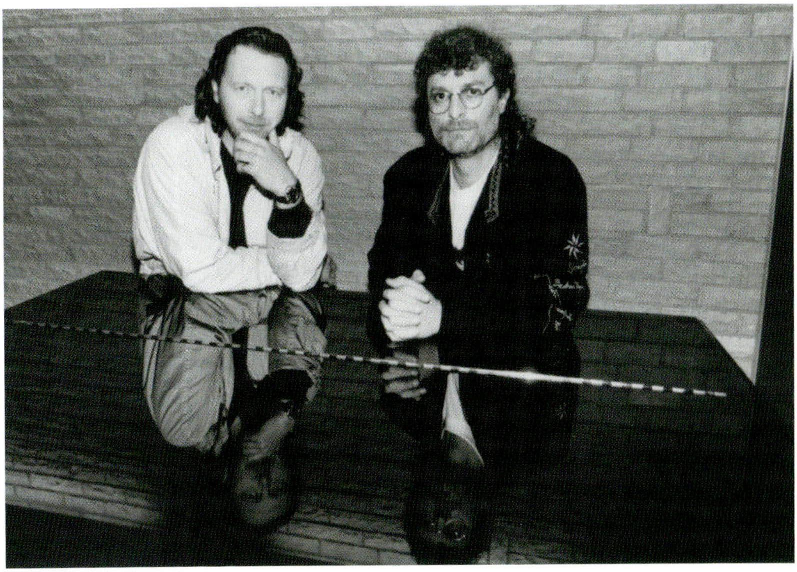

Promotionfoto zum Album *Cornelius + Cretu*, München 1992

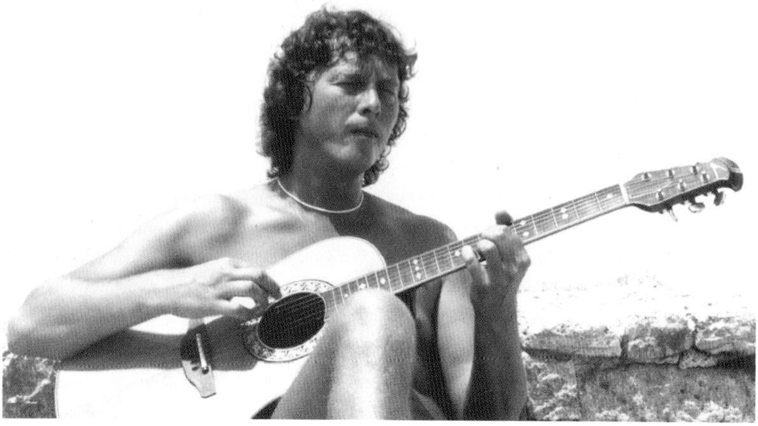

In den Achtzigern hatte Peter Cornelius selbst im Urlaub immer eine Gitarre mit dabei – so wie hier in Griechenland, 1983.

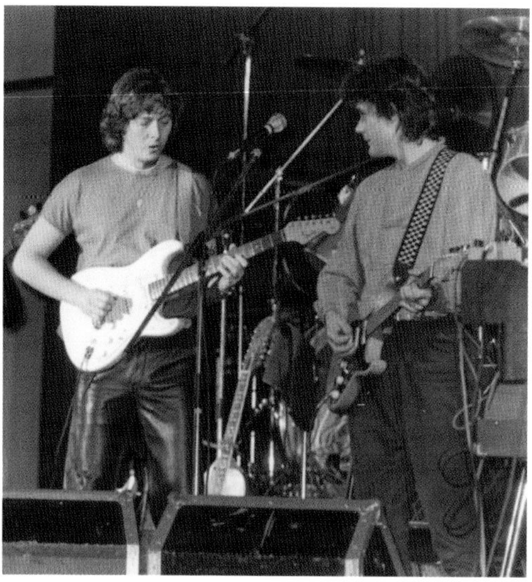

Cornelius mit seiner Stratocaster und Hansi Dujmic, der in seiner Band spielte, auf einer Deutschlandtournee in den frühen Achtzigern

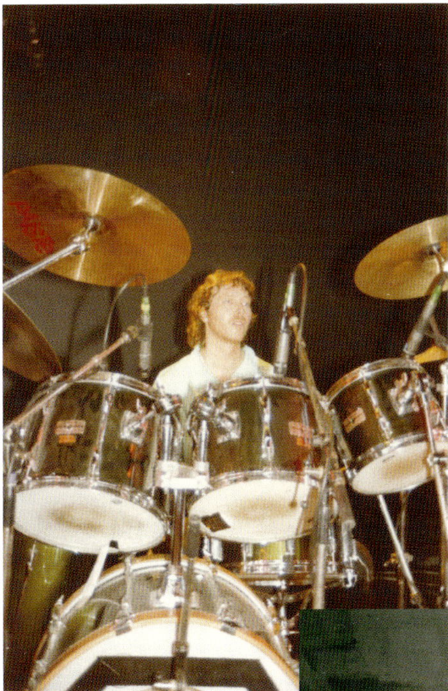

Der Multiinstrumentalist Cornelius – diesmal am Schlagzeug

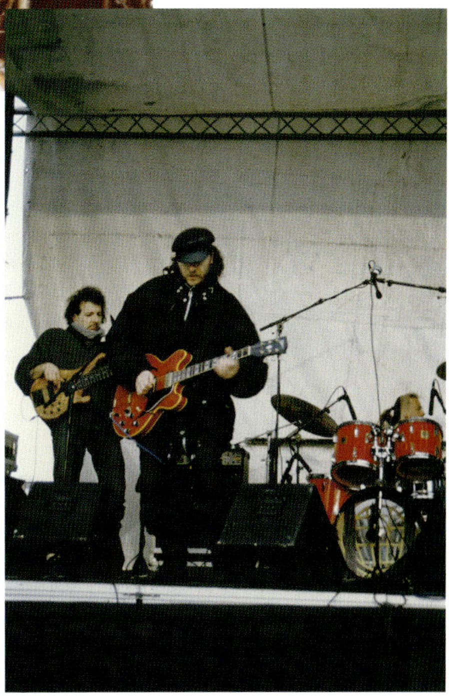

Peter Cornelius mit Erich Buchebner am Bass und Christian Eigner am Schlagzeug bei einem Protest-Open-Air für den Schutz der Auen in der Stopfenreuther Au

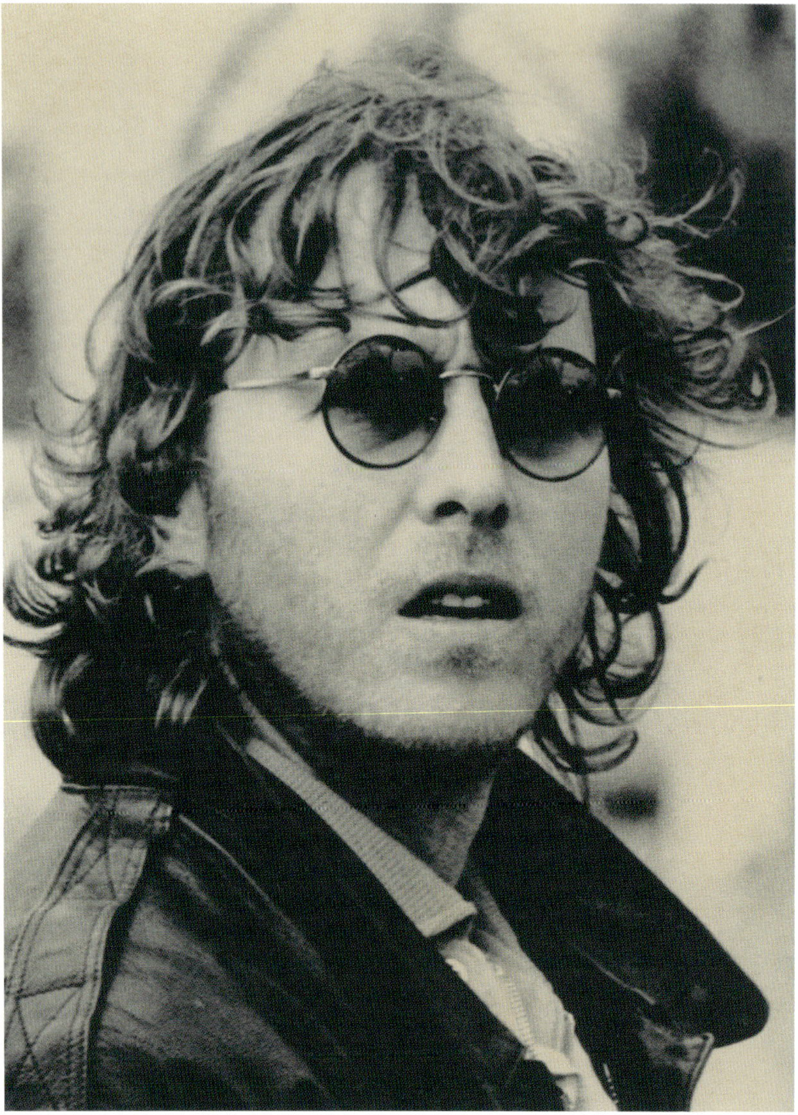

1986

Walkin' Back to Happiness & Der Urknall

Helen Kate Shapiro war 15 Jahre alt, als sich ihr Song „Walkin' Back to Happiness" im November 1961 in den englischen Charts auf Platz 1 vorarbeitete. In Österreich stieg das Mädchen mit dem dunklen Timbre bis auf Platz 4 der Verkaufshitparade.

Peter war zu Besuch bei der Oma. In der Küche vom Jägerhaus stand auf einer Kredenz ein Radioapparat. Groß, dunkles Holzfurnier, Stoffbespannung an der Vorderseite, und in der Mitte thronte ein grünes Licht – Pfauenauge genannt. Oma hatte das Radio aufgedreht, und es lief gerade Musik. Irgendein Techniker legte im Wiener Funkhaus eine Single mit dem Label-Aufkleber der Plattenfirma EMI Columbia auf und hielt sich an die A-Seite, was damals nicht selbstverständlich war, denn es kam immer wieder vor, dass irrtümlich die B-Seite aufgelegt wurde … Discjockeys gab es damals im österreichischen Radio noch nicht, die Platten wurden von Rundfunktechnikern in weißen Arbeitsmänteln aufgelegt. Auf jeden Fall machte damals keiner einen Fehler, und „Walkin' Back to Happiness" wurde gesendet. In der Küche im Jägerhaus saß ein Zehnjähriger, der zuerst den Atem anhielt und dann den Regler am Radio Richtung „laut" drehte.

Wer? Was? Wie? Bisher nie gehörte Klänge breiteten sich aus. Natürlich sind solche Lieder selbst damals hin und wieder in Österreich im Radio gelaufen, aber jetzt hat Peter diese Musik zum ersten Mal so richtig wahrgenommen. Es war eine erste Entdeckung. Der Urknall schickte seine ersten Schwingungen voraus.

Und dann 1963. Peter war im Januar 12 Jahre alt geworden, als er im Spätsommer „She Loves You" von den Beatles hörte. Es waren genau diese zwei Minuten und zweiundzwanzig Sekunden, die sein Leben veränderten. Dieser Song, diese Musik ist ihm bis ins Mark gefahren und hat mit einem Schlag eine Tür geöffnet, die sich nie mehr wieder schließen sollte. Musik war plötzlich und unumstößlich zu seinem Lebensmittelpunkt geworden. „She Loves You", „Love Me Do", „I Saw Her Standing There" – es war Musik wie von einem anderen Stern. Einem Ufo gleich in Hadersdorf gelandet. Der Klang der Stimmen. Die Gitarren. Keine Ahnung, was das war, aber auf jeden Fall sollte kein Tag in seinem Leben mehr ohne diese Musik vergehen.

1964. „If I Fell" erschien. Der Titel war auf dcm Album *A Hard Day's Night,* der dritten LP der Beatles, veröffentlicht worden und fand sich auch auf der B-Seite der 7 inch Single „And I Love Her". Im Herbst darauf wurde in der Hauptschule im Zuge des Musikunterrichts vom „Fachlehrer" – wie die Lehrerschaft in den Hauptschulen genannt wurde – diese neue Musik der Jugend angesprochen. Das, was junge Menschen damals interessierte. Peter und ein Schulkollege klinkten sich mit viel Engagement ins Thema ein, und plötzlich schlug der Lehrer vor, dass die beiden doch so ein Lied vorsingen sollten. Eines, das der Jugend gefällt. Die beiden genierten sich zuerst ein wenig, standen dann aber doch auf und begannen, „If I Fell“ zu singen. A cappella, aus dem Stand. Alle in der Klasse bekamen große Augen, und am Schluss gab es Applaus. Es war das erste Mal, dass Peter Cornelius für eine musikalische Darbietung von einem Publikum Beifall erhielt. Auch die Mädchen in der Klasse hatten eine Art Erweckungserlebnis. Der Peter, wer hätte das gedacht …

Im November 1964 veröffentlichten die Beatles die Single „I Feel Fine“. Der Song hatte etwas Neues und Einzigartiges zu bieten: ein Gitarrenfeedback, aus einem Zufall heraus entstanden. John Lennon lehnte seine Gitarre gegen seinen Verstärker, und als Ergebnis gab es eine Rückkopplung. Was für ein Effekt! Diese Rückkopplung nahmen die Beatles als erstes Signal, mit dem der Song beginnt. Und dann dieses fantastische Gitarrenriff! Ein Mysterium für Peter Cornelius, der den Song am Schulschikurs 1965 zum ersten Mal aus einem Kofferradio hörte. Immer wieder stellte er sich die Frage: ‚Wieso klingt diese Gitarre so faszinierend? Ich habe diesen Sound noch nie zuvor gehört.‘ Er konnte fast nicht schlafen, hatte keine Ahnung, welche der Beatles-Gitarren diesen Sound hervorbringen konnte.

Singles konnte er sich nicht leisten, LPs schon gar nicht. Dazu fehlte einfach das Geld. Taschengeld? Fehlanzeige. Die Familie kam gerade so über die Runden. In der Nachbarschaft fand sich Abhilfe, um den akuten Musiknotstand zu beheben. Drei Häuser weiter wohnte ein Mädchen, zwei Jahre älter als er und, dem Himmel sei Dank, im Besitz eines eigenen Plattenspielers! Der hatte genau zwei Geschwindigkeiten, um den Teller in Bewegung zu versetzen. 45 ⅓ rpm für Singles und 33 ⅓ rpm für Longplays. Die Musik kam aus einem Lautsprecher, der im Deckel des Gerätes untergebracht war. Der wiederum war abnehmbar, stand frei und übertrug unermüdlich einen Song nach dem anderen. Das heimelige Knistern und Kratzen von Vinyl, Begleitgeräusche einer neuen Zeit. Der wunderbare Kofferplattenspieler der Nachbarin. Wer weiß, wie sich das Leben des Peter Cornelius ohne dieses Ding entwickelt hätte.

Vergessen war der Bunker, den Bach sah Peter nur mehr selten, und ab nun wurde die Zeit in den Abständen der Veröffentlichungsdaten von Beatles-Platten gerechnet.

Die *With the Beatles*-Ära dauerte von November 1963 bis Juli 1964. Sie endete mit *A Hard Day's Night,* und diese LP lief wiederum bis zum November 1964, als *Beatles For Sale* erschien. Der August 1965 war *Help!*-Monat, und mit ihm kam das Aus für das Plattenhören bei der Nachbarin. Die junge Dame hatte weniger Zeit, und er musste sich nach anderen Quellen für Listening-Sessions umhören. Die Plattenspieler-Situation daheim war unverändert traurig, aber der Freundeskreis hatte mittlerweile gut aufgerüstet. Und auch die Angebotspalette war größer geworden.

Anfang 1965 erschien das Album *The Rolling Stones No. 2,* die europäische Version, und darauf zu finden war „Time Is on My Side". Die US-Version trug den Titel *The Rolling Stones, Now!,* erschien zeitgleich und hatte als vorletzten Track „Little Red Rooster" auf der zweiten Seite. Der Titel war auf der europäischen Version nicht enthalten, aber einige Monate zuvor in Europa als Single erschienen. Faszinierend anzuhören waren für Peter die Slide-Gitarre, der unüberhörbare Einfluss des Blues und die markante Stimme des Sängers, eines gewissen Mick Jagger.

Zur gleichen Zeit fiel ihm in der Hauptschule eine Ausgabe des Teenie-Magazins *Bravo* in die Hände, und darin waren besagte Rolling Stones abgebildet. Ah, interessant. Die sahen einfach anders aus als die meisten anderen. Die hatten nicht alle die gleichen Klamotten an, diese eng geschnittenen Anzüge und spitzen schwarzen Schuhe wie die anderen Bands damals. Diese Rolling Stones wirkten viel lässiger, einfach auch frecher ... Spannend! Hintergrundgeschichten standen da auch zu lesen. England. Swinging London. Beat und Bands. Das alles fiel auf fruchtbaren Boden im Leben eines Teenagers, der mit jedem neuen Song, mit jeder neuen Platte, mit jeder neuen Band eine neue Faszination erlebte und mit großen Augen durch die Welt ging. Eine Welt, von der er glaubte, dass es immer so weitergehe. Ohne Ende. *„Aus heutiger Sicht kann ich es nur so sagen: Da hat sich im England dieser Zeit eine kreative Eruption ereignet, die so einzigartig war, das man absolut sicher sein kann, dass sie sich nie wieder wiederholen wird. Die unglaublichen Beatles, The Kinks, The Who, Small Faces, The Hollies, Procul Harum, später The Cream und und und. Es war ein Zaubergarten, in dem hinter jeder Hecke eine neue großartige Überraschung wartete“*, sagt Peter Cornelius heute. *„Und da war noch etwas, das ich unbedingt besonders betonen muss, als Inspiration über viele Jahrzehnte: The Rolling Stones. Ich könnte jetzt viele Seiten dafür verwenden, um sie aus meiner Sicht zu erklären. Für Stones-Kenner sage ich nur ‚Lady Jane‘, ‚Street Fighting Man‘ oder ‚Backstreet Girl‘ und ‚Gimme Shelter‘. Sie nehmen einen Platz in der Geschichte der Rockmusik ein, der völlig einzigartig ist und es für immer bleiben wird. Und noch etwas, die Kinks – Ray Davis hat das meiner Meinung nach größte Talent, jazzige* *britische Popmusik zu komponieren. ‚Dead End Street' und ‚Sunny Afternoon' – großartig. Und dann kam Ende der Sechzigerjahre noch Jimmy Hendrix und hat die Welt für mich jungen Gitarristen auf den Kopf gestellt. Er war ein Naturereignis. Der ‚Red House'-Blues war eine Zeit lang meine große Liebe. Ich spielte ihn damals sehr oft und mit Hingabe."*

Es war Zeit, sich des Ganzen nicht nur als Fan anzunehmen. Längst schon meldete sich die kreative Ader zu Wort. Zeit also, nicht nur zuzuhören und zuzuschauen, sondern sich mitten hinein zu begeben und Eigenes zu kreieren!

Die Faszination der Nachahmung

Am Dachboden einer Tante lag eine alte Wandergitarre, die wohl niemand mehr brauchte und der ein zweites Leben geschenkt werden sollte. Und auf einmal schien mit der alten Klampfe das große Glück eingezogen zu sein. Die Gitarre wanderte zu einem 14-Jährigen, der erst einmal den wackeligen Hals reparieren musste und dann intensiv damit begann, das Instrument für sich zu entdecken. Keine Ahnung, wie man das Ding stimmt. Griffe? Unbekannt. Aber wie immer im Leben kommt eins zum anderen, wenn man sich einer Sache mit der entsprechenden Leidenschaft annimmt. Gemeinsam mit jenem Schulfreund, mit dem Peter in der Klasse „If I Fell" gesungen hatte, machte er sich ans Üben und Probieren. Neben der Gitarre gab es nun auch ein Dobro Banjo, das eine Schulfreundin ihnen zur Verfügung stellte. Zu zweit gingen die Jungs nun daran, den Instrumenten Töne zu entlocken. Vor allem das Banjo war eine spannende Angelegenheit. Es hatte nur drei Saiten, die anderen fehlten. An seinem Resonanzkörper war eine Aluglocke montiert, was einen eigentümlichen, blechernen Klang ergab. Das Motto damals lautete: „Einfach schauen, wie andere es machen – und dann nachahmen."

Musikmachen ist vor allem auch etwas, was fremde Menschen auf eine Weise zusammenbringen kann, wie das sonst wahrscheinlich nicht möglich wäre. Zu zweit ist man weniger allein, und gemeinsam lassen sich die Töne einfach besser miteinander verweben. Eines Tages bemerkte Peter, dass am Nachbargrundstück im ersten Stock ein Fenster geöffnet war und ein Fuß heraushing. Er ging näher hin, und da saß doch tatsächlich ein Typ mit einer elektrischen Gitarre am Oberschenkel und war gerade dabei, darauf zu spielen.

Es entwickelte sich folgender Dialog:

„Servas. Wer bist?"

„Der Peter."

„I bin der Joe. Wannst wüllst, dann kumm umme!"

Natürlich wollte er und ging rüber zu Joe, der eigentlich Franz hieß. Aber Franz klang einfach nicht nach Band, nach Beat, nach London, und daher wurde er zu Joe. Der ist er bis heute, und er und Peter sind nach wie vor befreundet.

E-Dur und A-Dur konnte Peter schon greifen. Joe brachte ihm den schwierig zu greifenden H7-Akkord bei. Schwer zu spielen, verbiegt die Finger und war eine Herausforderung, die gerne angenommen wurde. Immer wieder spielten sie „Ruby Baby" von Dion DiMucci, der neben diesem Song noch Hits wie „The Wanderer" oder „Runaround Sue" in den Charts hatte.

Das also war das Zeitalter, in dem Peter Cornelius als Teenager heranwuchs und von Song zu Song erwachsener wurde. Von „Ruby Baby" 1962 bis zu „I Am the Walrus" 1967. Vom unbeschwerten Pophit zum kreativen Feuerwerk, das der Lennon'schen Fantasie entsprungen war. Alles war möglich. Es gab keine musikalischen Tabus. Ständig war Neues zu entdecken. Jede Woche neue Songs, neue Klänge. Eine spannende Zeit. „*Eine permanente Eruption von Fantasie*", wie Cornelius sich gerne zurückerinnert. Der Blick war nach England gerichtet. Dort spielte es sich ab, und dann geschah auch noch Folgendes: „*Wir hatten in der Hauptschule für einige Tage eine Aushilfslehrerin. Wir Schüler mussten uns alle vorstellen, und auf einmal schaut sie mich an und fragt mich plötzlich, ob ich Engländer sei. Keine Ahnung, wie sie darauf gekommen ist. Irgendetwas an meinem Wesen muss sie darauf gebracht haben.*" Dass ausgerechnet er, der die englischen Musiker verehrte, für einen Engländer gehalten wurde, tat mehr als gut, und diese Aushilfslehrerin hat sich mit ihrer Frage tief in sein Gedächtnis eingegraben.

Peter Cornelius war 16 geworden, da gründeten Joe, Franz, der Bassist, Franz, der Schlagzeuger, und er die erste Band. The Black Sheep. Die schwarzen Schafe – der Name war Programm. Es war das Jahr 1967, und da hatte man jung, rebellisch und unangepasst zu sein.

Der Familienname klang auf der Bühne nicht nach Swinging London. Weshalb also nicht schon so früh wie möglich mit der Verwendung eines Künstlernamens die richtige Richtung einschlagen, wo es doch sowieso klar war, dass Musik die Zukunft bestimmen würde?

Der Name Cornelius fiel nicht direkt vom Himmel, sondern tauchte plötzlich aus der Vergangenheit auf. Peter hatte einen Onkel, der Kunstmaler war und den er als kleiner Bub gerne besuchte. Ein liebenswürdiger, auf seine Art etwas schrulliger, aber sehr gebildeter Mensch. Wenn er an seiner Staffelei saß, die Ölfarben aus den Tuben drückte und sich der typische Geruch im Zimmer breitmachte, sprach er gerne mit Peter, ohne seinen Blick vom Bild abzuwenden. Dieser

Onkel nannte ihn manchmal „Cornelius“, weil er wusste, dass Peter seine Kindheit zwischen zwei Bahnlinien verbrachte. Ausschlaggebend dafür war Cornelius Vanderbilt, der auch „der Eisenbahnkönig“ genannt wurde. Er baute die wichtigsten Eisenbahnlinien der Vereinigten Staaten auf und wurde so zu einem der reichsten Menschen seiner Zeit. Diese Geschichte erzählte der Onkel. Wilder Westen. Eisenbahn. New York. Chicago. Was hängen blieb, war der vom Onkel vergebene Spitzname: Cornelius.

The Black Sheep. Geprobt wurde in einem Raum im Pfarrheim in Lainz. Die Besetzung war klassisch: Gesang, Gitarre, Bass, Schlagzeug. Vom Bahnhof Hadersdorf ging es für Peter mit der damaligen Stadtbahn und dann weiter mit der Straßenbahn bis nach Lainz. Regelmäßig und mit einer bestimmten Zielstrebigkeit ging er ans Werk. Ab diesem Zeitpunkt gab es für Peter nur noch seine Musik. Schnell begann er auch in anderen Bands mitzuspielen, und die quälende Frage, die sich die Eltern stellten, was aus dem Jungen wohl einmal wird, wenn das so weitergeht, beantwortete dieser mit seiner ganz klaren Vision: Musiker. *„Ich wollte Musiker werden, was anderes kam nicht infrage“*, so Cornelius. Dieses Ansinnen kam daheim überhaupt nicht gut an. War die Verwandtschaft zu Besuch, wurde dieses Thema schnell heiß debattiert. Horrorgemälde wurden gezeichnet. Die Eltern hatten Angst, dass die Zukunft ihres einzigen Sohnes von Armut, Drogen, Obdachlosigkeit bis hin zu einem frühen Tod in der Gosse geprägt sein würde. Man hörte und las ja so einiges über Hippies, Beatles und Gammler. Der einzige Sohn am selbst gewählten Weg direkt in den Untergang. Ein Drama bahnte sich an.

Wie zur Bestätigung, dass es nur Musik und nichts sonst sein sollte, was die Zukunft bestimmte, wurde in der vierten Klasse Hauptschule in Geografie ein Film über die Moldau gezeigt. Der Fluss? Uninteressant. Aber die Musik! Friedrich Smetanas „Die Moldau". Die Bilder im Film waren mit dieser Musik unterlegt, und was für einen tiefen Eindruck sie auf den 14-Jährigen machte, war erneut eine Bestätigung, dass es nur die Musik sein durfte, die das weitere Leben von Peter Cornelius bestimmen würde. Alles andere interessierte ihn schlichtweg überhaupt nicht.

Augen auf und durch

Schuljahr 1964/65. Vierte Klasse Hauptschule in Hadersdorf. Den Schülern stand der Umstieg ins Berufsleben bevor. Das seit den Siebzigerjahren in Österreich geltende neunte Pflichtschuljahr befand sich damals noch im Schulversuchsstadium, und so wurden die meisten der 15- und 16-jährigen Mädchen und Buben auf den Lehrstellenmarkt losgelassen.

Die täglichen Diskussionen im kleinen Holzhaus machten den jungen Peter mürbe. Und so wurde der Entschluss gefasst, doch erst eine Berufsausbildung zu absolvieren, bis der einzig wahre Berufswunsch – also Musiker zu werden – auch in die Tat umgesetzt werden konnte. Den Eltern zuliebe, damit sie angstfreier leben konnten und um den Diskussionen ein Ende zu setzen. Es war das übliche Spiel, wie es in Tausenden Familien ablief: Lern etwas Ordentliches, dann hast du eine Ausbildung und Sicherheit fürs ganze Leben! Anschließend kannst du ja machen, was du willst. Bei Eltern schwang dabei immer die Hoffnung mit, dass sich die Spinnereien der Sprösslinge nach drei Jahren verflüchtigt hätten. Bei den Kindern hieß es meist: Arschbacken zusammenkneifen und noch weitere drei Jahre durchhalten!

In der Hadersdorfer Schulklasse stellte der Klassenlehrer eine Frage in den Raum, die plötzlich und völlig unerwartet kam. Der Herr Lehrer wollte von den Kindern wissen, wer sich wohl eine Lehre in einer Bank vorstellen könne. Bankkaufmann. Bankkaufmann? Niemand zeigte auf. Die Sekunden verrannen, und dann hob Peter die Hand. Einen echten, nachvollziehbaren Grund, weshalb er sein Interesse für eine Banklehre bekundete, hatte er nicht. Da waren nur die sich ewig wiederholenden Worte der Eltern und die Tatsache, dass die Bankfiliale, um die es ging, nicht so weit von seinem Wohnort entfernt war. Irgendetwas musste er tun. *„Also dann halt meinetwegen ab in die Bank …"*

Dort wollte man, dass der neue Lehrling bereits Mitte Juli seine Lehrzeit antrat. Mitte Juli? Leute – es sind Schulferien! Und die laufen bekanntlich bis Anfang September … Doch er war jetzt nicht mehr in der Schule. Jetzt hieß es Schluss mit lustig und willkommen im wahren Leben. Im Hochsommer zog Peter in der Bank ein. Krawattenland. Aber Krawatten waren so überhaupt nicht seine Welt. Es gab eine einzige von der Bank akzeptierte Variante: Rollkragenpulli. Ein nicht unbedingt hochsommertaugliches Kleidungsstück. Und selbst im Winter war ein Rollkragenpulli nicht der Weisheit letzter Schluss, war doch die weibliche Belegschaft der Bank stets nahe am Erfrieren, weshalb die Heizung ununterbrochen auf Hochtouren lief. Doch das war eben der Preis, den Peter zu zahlen hatte, weil er nie und nimmer ins Krawattenlager wechseln wollte.

Im schwarzen Rollkragenpulli, die Haare länger, als es sich gehörte und mit der Gitarre in der Hand, denn es galt ja, auch die Mittagspause sinnvoll zu nutzen, tauchte er in der Wienerwald-Filiale der Volksbank auf. Und mit einem Schlag war ihm klar, dass das nicht seine Welt war. Aber damit die Eltern die nächsten drei Jahre ruhig schlafen konnten, musste das wohl so sein.

Verbunden mit der Lehre in der Bank war der Besuch einer entsprechenden Berufsschule. Konkret handelte es sich in seinem Fall um die Landesberufsschule Theresienfeld, ein ehemaliges Kloster in der Nähe von Wiener Neustadt, Niederösterreich. Drei Stockwerke hoch, der linke und der rechte Flügel vorgezogen, der Mittelteil zurückversetzt. Rund um die Anlage stand und steht eine Mauer, die seinerzeit, als Peter Cornelius dort als Schüler einzog, mit einbetonierten Glasscherben gespickt war. Einmal pro Jahr wurde die Schule für sechs bis acht Wochen zu seinem Lernmittelpunkt. Ein Internatsbetrieb. Nur die nahe liegende Flieger-Bar bot etwas Abwechslung. „*Eingeknastet*" habe er sich da gefühlt, sagt Peter, und dass er mit dem Bankbetrieb und den Menschen dort nicht wirklich etwas anfangen konnte, lag auf der Hand.

Bei einem Fest in der Berufsschule griff der Lehrling zu seiner Jazzgitarre, Marke Klira, und stimmte „The House of the Rising Sun" an. Es sprach sich herum, in der Bank, bei Stammkunden, was der Peter musikalisch schon so draufhatte, und es kam, wie es kommen musste. Seine Bankkollegen sprachen einen Kunden an, der das ORF-Fernsehorchester leitete, und dieser lud ihn zum Vorspielen ein. ORF? Fernsehen? Wir schreiben das Jahr 1967. In Österreich fiel am 1. Oktober dieses Jahres der Startschuss für den Radiosender Ö3, und zum ersten Mal liefen all die unglaublichen Bands und Platten nicht mehr verschämt in „Tanzmusik auf Bestellung" oder wie zuvor im 3. Programm, dem sogenannten „Versuchsprogramm", das am Nachmittag eigene Inhalte sendete, was im Grunde bedeutete, dass einfach ein Stapel Platten hintereinander abgespielt wurde. Das „Versuchsprogramm" wurde weder beworben noch großartig angekündigt, es war ein Testprogramm, das 1962 eingestellt wurde.

Das Programm von Ö3 war laut und genau das, was bisher nur aus London zu hören gewesen war. Mit dieser Musik im Kopf und den Gitarrenkoffern unterm Arm spielten Peter und Joe beim ORF im Wiener Funkhaus vor. Kurze Zeit später standen die beiden zum ersten Mal mit ihrer Musik vor einer Fernsehkamera. Heute hat Peter Cornelius keine Ahnung mehr, um welche Sendung es sich damals gehandelt hat, und auch die Karriere brach deshalb nicht mit großem Getöse los. Es war einfach eine Erfahrung. Peter war zarte 16 Jahre jung und fand das, was er da tat, spannend. Es gefiel ihm und bestärkte ihn erneut darin, dass es genau das war, was er sich für seine Zukunft vorstellte.

In seiner Filiale gab es einen jungen Mitarbeiter, der etwas anders war als die übliche Mannschaft. Man lernte sich kennen, fand sich sympathisch und sprach viel über Musik. Der Mann erkannte die Leidenschaft und das Talent des Lehrlings, sah, wo es Investitionsbedarf gab, und bot Geld an. Geld für eine neue Gitarre, das Peter zu diesem Zeitpunkt natürlich nicht hatte. Die alte Klira-Jazzgitarre war in der Tat nicht mehr das, worauf man spielen sollte, und Cornelius, der sich noch nie in seinem Leben von irgendwem auch nur einen Schilling ausgeliehen hatte, lehnte das Angebot nicht etwa ab, sondern nahm es dankend an. Für das Geld kaufte er eine Guild Starfire Six, eine E-Gitarre, die er heute noch besitzt, und zahlte seine Schulden pünktlich zurück. Mit der Guild begann für ihn eine neue Zeitrechnung.

Nach bestandener Lehrabschlussprüfung legte Peter in seiner Bankfiliale das Zeugnis vor. Man gratulierte erfreut und hieß den nun „ausgelernten“ Mitarbeiter in der erwachsenen Kollegenschaft herzlich willkommen. Der antwortete mit: *„Herrschaften, ich bin jetzt noch genau zwei Wochen hier.“* Er hatte nie große Ansprüche, die einzigen Schulden, die er je im Leben gemacht hat, nämlich das Geld für die Gitarre, waren längst zurückbezahlt – was sollte also schon großartig schiefgehen? „Wovon willst du denn leben?“, stimmten die Leute in der Bank den bereits vertrauten Kanon der Besorgten wieder an, und die Antwort lautete: „Na, von Musik!“

Die drei Jahre Ausbildung hatten schon gezeigt, dass es kein richtiger Sprung ins kalte Wasser werden würde. Tagsüber Bank und am Abend und an den Wochenenden mit Bands unterwegs sein, auf Bühnen in Wien und Umgebung stehen. Geld war da wenig zu holen. Für Wurstsemmeln und Straßenbahnfahrscheine reichte es zumeist. Was zählte war, dass die Leute im Publikum gut drauf waren.

Es ist daher müßig, heute darüber nachzudenken, ob die Jahre in der Bank verlorene Jahre waren. Das, was Peter Cornelius über den Bankbetrieb gelernt hat, hat gerade einmal für die Abschlussprüfung gereicht und war gleich darauf wieder aus seinem Kopf verschwunden. Einige Jahre später, als ihm nach einem Auftritt der Gagenscheck in die Hand gedrückt wurde und er zur Bank ging, um ihn einzulösen, machte man ihn darauf aufmerksam, dass ein Scheck beim Einlösen auf der Rückseite unterschrieben werden muss. *„Keine Ahnung. Ich wusste das nicht mehr. So viel zu meiner Beziehung zum Bankgeschäft“*, erzählt er.

Die Ausbildung durchziehen, den Abschluss machen – so war es mit den Eltern abgemacht, und daran hatte er sich gehalten. Verlässlichkeit ist eine Tugend, und sie gehört zum

Wesen des Peter Cornelius. Ausgemacht ist ausgemacht, und Leute, die Abmachungen nicht einhalten, haben bei ihm grundsätzlich einen schweren Stand. Damals. Heute. Was er von sich verlangt, verlangt er auch von allen, die mit ihm arbeiten. Nicht mehr und nicht weniger. Nicht alle können damit umgehen, aber das ist eine andere Geschichte.

Aquarius … Let the Sunshine In

Das HVZ. Ein sperriger Name für einen legendären Ort – das Hernalser Vergnügungszentrum. Seine Geschichte reicht bis ins Jahr 1866 zurück, und er war – wie der Name schon besagt – seit jeher dem Vergnügen gewidmet. Sing-, Spiel- und Ballsaal, Rauch- und Verzehrtheater und heute, unter dem Namen Metropol, einer der wunderbarsten und authentischsten Wiener Clubs.

Das damalige HVZ hatte in den Sechziger- und Siebzigerjahren seine erste goldene Zeit bereits hinter sich, galt aber für junge Bands und Musiker immer noch als tolle Adresse. Hatte man im HVZ gespielt, dann war man wer. Es gab zwei Bühnen, eine davon war in der Mitte positioniert, und meist spielten an einem Abend vier Bands.

Peter Cornelius stand dort oft auf der Bühne. Spielte von Hendrix-Nummern bis zu Eric Burdon und den Stones vieles, was die Engländer an großartiger Musik zu bieten hatten. Gage gab es wenig, aber als Schule für einen angehenden Profimusiker waren diese Auftritte perfekt.

Ende der Sechzigerjahre kam auch das Angebot, als Mitglied einer Kommerzband für Touristen zum Tanz aufzuspielen – im Sommer am Wörthersee oder in Lignano, im Winter in den diversen Schigebieten. Solche Jobs waren sehr gut bezahlt, aber nicht jedermanns Sache. Sechs bis sieben Stunden jeden Abend die Hitparade plus Evergreens rauf und runter singen und spielen, täglich die gleiche Leier. Kreativität gleich null. Also nichts für Peter Cornelius: „*Wie das gelaufen wäre, habe ich bald kapiert. Jeden Abend anschließend saufen, und irgendwann den Absprung nicht mehr schaffen. Ich habe das oft genug bei solchen Bands gesehen. Das hat mich abgeturnt und daher nicht interessiert.*“ Denn sein Ziel kristallisierte sich immer stärker heraus: eigene Songs schreiben. Covern? Das war als Schule okay, aber etwas Eigenes zu machen, hatte schon eine andere Qualität.

1967 wurde am Broadway in New York das Musical *Hair* uraufgeführt und lief dort bis ins Jahr 1972 ohne Unterbrechung. Klar war, dass es nur eine Frage von Monaten sein würde, bis es davon auch eine deutsche Fassung gab. Mit dem Titel „Haare“ – man glaubt es kaum.

Die Produzenten riefen zum Casting und machten auch in Wien Station. In der Wiener Stadthalle gab es 1968 ein Vorsingen, und Peter Cornelius fand sich plötzlich in einem bunten Haufen Verrückter wieder, die allesamt von der großen Karriere träumten. „*Dann sagte einer, wir wollen dich dabeihaben, du kriegst einen Vertrag.*“ In einem Nebenraum der Stadthalle drückte man ihm einen Zettel in die Hand, auf dem zu lesen stand, wann er wo in Deutschland zu sein habe, denn dann würden die Proben beginnen.

Berlin. 1968 noch Frontstadt. Mauer. Zonengrenze. Mit zwei anderen Typen aus dem zukünftigen Ensemble kam Peter Cornelius im Osten der Stadt an. Der Übertritt in den Westen erfolgte an einer Steinwand, in der sich ein Schlitz befand. Eine Hand tauchte auf, nahm die Pässe, und dann hieß es warten. Irgendwann tauchte die Hand erneut auf, händigte die Pässe wieder aus, und wortlos verließen die drei das Arbeiter- und Bauernparadies.

Westberlin war spannend. Nie zuvor war Peter Cornelius so weit gereist. Auslandsreisen waren bisher sowieso kein Thema gewesen – und dann führte ihn seine erste gleich in jene Stadt, die 1968 vibrierte wie ein kurz vor dem Explodieren stehendes Kraftwerk. Die Sixties hatten den Geruch von Revolte angenommen. Ein Jahr zuvor war der Student Benno Ohnesorg erschossen worden, 1968 wurde Rudi Dutschke angeschossen. Peter Cornelius aus Hadersdorf war inmitten einer Zeitenwende gelandet und hatte für die nächsten Monate die Aufgabe, glaubhaft einen Hippie darzustellen.

Drei Ensembles waren nahezu zeitgleich unterwegs. In München fand die Premiere statt. Berlin und Hamburg folgten in den Monaten darauf.

Berlin war schräg, aufregend, spannend und anstrengend zugleich. In der Früh wurden Cast und Crew mit dem Bus in die Proberäume gefahren. Geprobt wurde in einer der Hallen der CCC-Film in Spandau. Die Künstlerriege war multikulti und vom Feinsten. Sängerinnen und Sänger aus der halben Welt fanden sich zusammen. Proben, Text einüben, dazwischen hieß es meditieren. *„Im Grunde war das ein ziemliches Irrenhaus, in dem ich da gelandet war. Es hat mir zwar gefallen, aber eigentlich waren wir nichts anderes als eine Horde bezahlter Hippies, die für andere Love, Peace and Happiness darstellen mussten. Es war eine naive Zeit, in der die Jugendkultur zur Geldmaschine umgepolt wurde. Die Veranstalter waren nur am Profit interessiert. Die Gesellschaft hat mit dem Pseudoprotest gegen sich selber ein blendendes Geschäft* *gemacht.*“ Jeden Tag Show. Jeden Tag gespielter Protest gegen die Gesellschaft. Jeden Tag musste der Wassermann Cornelius auf der Bühne des ehemaligen Kinos am Ku’damm stehen und den Hippie geben. Ein Knochenjob.

Silvester 1968 verbrachte er im Hotelzimmer. Eine schwere Erkältung zwang ihn ins Bett. Während draußen Berlin feierte, fieberte er. *„Das Zimmer hat sich mit mir aufgestellt, als ob man in einer Schiffschaukel sitzt und hat sich zu drehen begonnen.*“ Aber: The Show must go on.

Bei Weitem nicht völlig ausgeheilt, ging es 1969 weiter nach Hamburg. Ins Theater am Besenbinderhof, untergebracht in einem Gewerkschaftshaus, wo er noch drei Monate in *Hair* auftrat. Dann war Vertragsende. Er wurde vom Veranstalter in den Zug nach Wien gesetzt, wo die Eltern am Bahnsteig warteten und ihren Sohn nicht gleich wiedererkannten. Von „Let The Sunshine In“ war keine Rede mehr. Abgemagert ging es von der Hippieparty direkt Richtung düsterste Zukunft. Todkrank? Am Ende? Denn aus der Lungenentzündung war eine Rippenfellentzündung geworden, und schließlich war auch noch die Tuberkulose ausgebrochen. Vom Bahnhof fuhren die Eltern mit ihrem Sohn direkt ins Krankenhaus, und dort wurde sofortige Bettruhe samt Behandlung und Reha verordnet. Zuerst eine Woche künstlicher Tiefschlaf in Gersthof, dann ein quälend langes halbes Jahr in der Lungenheilstätte auf der Baumgartner Höhe. Vom Hippie-Irrenhaus für sechs Monate in die Bewegungsunfähigkeit.

„Is this the dawning of the age of Aquarius?“

Cornelius selbst meint, im Rückblick hätte er sich die ganze *Hair*-Aktion sparen können. Ein halbes Jahr ans Krankenhaus gefesselt zu sein, umgeben von todkranken Menschen, ist etwas, was man in seinem Leben nicht unbedingt erleben möchte. Typisch für Peter Cornelius ist auch seine Entglorifizierung von *Hair.* Während die halbe Welt im Jahr 2018 romantischen Erinnerungen an den „Summer Of Love" nachhängt, Frieden, Liebe und den Geburtstag des Peace-Zeichens feiert, sieht er die ganze Angelegenheit wesentlich weniger verklärt: *„Als ich in den Probestudios in Berlin Matten am Boden liegen gesehen habe, auf denen wir in den Pausen meditieren sollten, war ich schon ziemlich sauer. Meditieren? Dafür bin ich nicht hergekommen! Und als ich dann erkannt habe, in welchem Irrenhaus ich da gelandet war, hatte ich bald die Nase voll. Lehrreich war das alles für mich jedoch insofern, als mir klar wurde, dass meine künstlerische Zukunft in eigenen Songs liegen muss. Was ich dort erlebt hatte, war sehr schnell zur lästigen Routine geworden."*

Die Siebzigerjahre

1969 ging vorbei, die Lunge war ausgeheilt, ein neues Jahrzehnt begann und brachte für Peter Cornelius eine neue Band. Ein Freund hatte ihn dazu gebracht, bei den Leaves einzusteigen. Die Band war bereits semiprofessionell unterwegs, spielte viel auf Bällen, Fünf-Uhr-Tees und anderen Veranstaltungen. Eigener Bandbus, eigene Anlage. Fünf Mann hoch. Zwei Gitarren, Bass, Keyboard, Drums. Bis zu sieben Stunden spielten sie bei ihren Gigs. Das Repertoire umfasste rund 100 Stücke, und da die Bandkollegen tagsüber alle ihren unterschiedlichen Berufen nachgingen, beschränkten sich The Leaves bei ihren Auftritten in erster Linie auf den Wiener Raum und mussten nicht „auf Saison" in irgendwelche Urlaubsorte gehen. Das hatte für Peter Cornelius den großen Vorteil, neben den Leaves zu Hause an seinen eigenen Songs arbeiten zu können. Und die wurden in erster Linie auf Deutsch getextet.

Mit den Leaves kamen der erste Plattenvertrag und die erste Plattenproduktion auf dem Label Amadeo. Amadeo, als unabhängiges österreichisches Label in den Fünfzigerjahren gegründet, wurde 1974 von Polydor gekauft und gehörte damit zur deutschen Phonogram (später PolyGram), und die wiederum gehörte dem holländischen Elektrokonzern Philips. Zahlreiche später höchst erfolgreiche österreichische Musikerinnen und Musiker haben ihre Karriere bei Amadeo begonnen.

So auch Peter Cornelius. 1971 noch mit den Leaves – zwei erste, noch etwas unsichere Gehversuche –, 1972 dann die dritte Produktion im Rahmen des Amadeo-Vertrags, bereits zum ersten Mal als Solo-Interpret und ohne die Leaves.

Zwar wurde keine der drei Singles ein Hit, aber Cornelius, von Anfang an immer gut geerdet unterwegs, ging unbeirrt seinen Weg. Es folgte der nächste Schritt, und der hatte wieder mit Amadeo zu tun. Diesmal aber auf größerer Bühne. Der ORF rief zu einem Talentwettbewerb auf. Wichtig war, dass die Teilnahme nur mit eigenem, also originärem, Material möglich war – das Ganze ist also mit den heutigen Castingshows nicht vergleichbar. *„Heute ist die Show der Act, damals waren die Acts die Show"*, sagt Peter Cornelius dazu. Das ist ein ganz wesentlicher Unterschied, und es waren die idealen Voraussetzungen für ihn. Die richtig guten Songs aus der Show wurden danach auf Platte veröffentlicht. Das Label: Amadco.

Die Sendung, in der man sich behaupten musste, hieß „Show-Chance", und dahinter stand die ORF-Rundfunkmoderatorin und -redakteurin Evamaria Kaiser. Diese war eine Pionierin in Sachen österreichischer Popmusik und deren Präsenz im Programm des ORF, und selbst heute noch fällt immer wieder der Name Evamaria Kaiser, wenn es in Diskussionen um österreichische Inhalte im öffentlich-rechtlichen Rundfunk des Landes geht.

Peter Cornelius schickte sein Demo-Tape zur „Show-Chance" ein. In seinem Zimmer im Hadersdorfer Holzhaus hatte er sich ein bescheidenes Tonstudio eingerichtet. Tonband, Mischpult, Mikrofone. Es reichte, um gute Demoaufnahmen herstellen zu können.

„Das Demoband mit meinem Song ‚Die Wolk'n' wurde ausgewählt – von welchem Personenkreis auch immer. Dann hieß es: ‚Komm ins Funkhaus, dort wird der Song produziert, damit er im Radio vorgestellt und später auf Platte veröffentlicht werden kann.' Dazu spielte die ORF-Big-Band das Playback ein, das ich – schon im Regieraum sitzend – natürlich mitgehört habe. Als die Big Band, alles hervorragende Musiker, zu spielen begann, dachte ich, ich sitze im falschen Zug. Wo war die ursprüngliche Natur meines Songs geblieben, wo der britisch angehauchte Shuffle, wo das Sixties-Feeling? Ich dachte aber: Wenn ich da jetzt aussteige, wer weiß, ob jemals wieder so eine Chance kommt. Also habe ich mitgespielt und ‚Die Wolk'n' so gesungen, wie sie dann auf der Platte zu hören war." Ein Kompromiss, der notwendig war, gab es im ORF damals doch nicht rasend viele Plattformen für heimische Singer-Songwriter.

Die Songs der Teilnehmer der „Show-Chance" wurden vorab regelmäßig im Radio vorgestellt, und das Publikum konnte somit bereits nach seinen Favoriten Ausschau halten. Der Unterschied zu den Jahren zuvor bestand in erster Linie darin, das Schaffen von Komponisten und Textautoren zu fördern. Die neun Bundesländerstudios bekamen den Auftrag, nach jungen Talenten zu suchen, und insgesamt erreichten die Redaktion 48 Lieder. 12 davon kamen in die Endausscheidung.

Mit der „Wolk'n" in der Big-Band-Version ging es schließlich am 19. Oktober 1973 im großen Sendesaal des Wiener Funkhauses zur Fernsehausstrahlung des Finales. Dort stand Ernst Kugler mit der ORF-Big-Band auf der Bühne und begleitete die jungen Talente. Moderiert wurde die Sendung von Ö3-Legende Dieter Dorner.

Sieben Juroren, die allesamt während der Sendung den Saal verlassen mussten und diese in einem Nebenraum auf einem Monitor verfolgten, vergaben anschließend Punkte, und am Ende ging aus der „Show-Chance 1973" Peter Cornelius als Sieger hervor.

Weitgehend nicht bekannt ist, dass Cornelius in der gleichen Sendung mit zwei weiteren Titeln vertreten war: „I can tell you my Story" – Musik: Arthur Lauber, Text: Peter Cornelius –, gesungen von den Dawn Breakers, sowie „Nimm dir meine Zeit" – Musik & Text: Peter Cornelius –, gesungen von Marion & Sascha.

„Die Wolk'n" wurde das, was man allgemein einen „Radiohit" nennt. Das bedeutete, dass das Lied durch Radioeinsätze und TV-Auftritte sehr bekannt wurde, der kommerzielle Erfolg hielt sich aber in Grenzen. „Die Wolk'n" war zwar ein zeitgemäßer Song, aber das Big-Band-Arrangement tat ihm nicht gut und verhinderte den großen Erfolg als Single-Hit.

Die Bedeutung der „Wolk'n" darf, auch wenn sich die Single nicht zum Superseller entwickelt hatte, für die weitere Karriere des Singer-Songwriters jedoch keinesfalls unterschätzt werden. Durch das Lied und den Sieg bei der „Show-Chance" war Peter Cornelius in Österreich über Nacht zum „Cornelius mit der Wolk'n" geworden, und der Künstler war zum ersten Mal damit konfrontiert, wie und in welche Richtung sich die Dinge über die Medien entwickeln können. Er fand das, was da jetzt mit ihm passierte, spannend und aufregend, obwohl er sich im selben Atemzug selbst die Vorgabe machte, dass das jetzt aber auch so weitergehen müsse. Die vertragliche Konstellation, also die Mitwirkung des ORF in Bezug auf Arrangement und Plattenproduktion, war nicht verhandelbar. Das ganze Konstrukt hatte also Vor- und Nachteile. Die Vorteile waren pekuniärer Natur. Peter Cornelius kam aus finanziell betrachtet einfachsten Verhältnissen, und plötzlich hatte er etwas mehr Geld zur Verfügung. Der Nachteil war musikalischer Natur: Er konnte nicht so produzieren, wie er wollte. Es klang nie so, als hätten es die Engländer produziert und aufgenommen. Es klang immer nach öffentlich-rechtlicher österreichischer Popmusik. *„Einerseits war ich dankbar dafür, dass man von uns jungen Leuten gerne eigene Songs haben wollte. Nur hätte ich gerne gehabt, dass die aufgenommenen Songs anders klingen*“, sagt Peter Cornelius heute. Doch letztendlich siegte der Pragmatismus: *„Ich dachte mir, irgendwie wird es schon weitergehen.*“

Der erste Erfolg in der Hitparade stellte sich schließlich im Oktober 1974 mit der Single „Hampelmann“ ein. Nach dem Motto „Verarschen kann ich mich selbst“ sang Cornelius mit diesem Song den Österreichern aus der Seele. Der Titel ist heute längst ein Evergreen der österreichischen Popmusik und vom Bekanntheitsgrad her mit der „Wolk’n“ durchaus vergleichbar.

Im selben Jahr erschien auch Peter Cornelius’ Debütalbum. Amadeo nahm den Erfolg des „Hampelmann“ zum Anlass und packte die bisher erschienenen Cornelius-Songs auf eine Langspielplatte. *„Mich haben sie gar nicht gefragt. Nachdem sie alles schon fertig hatten, hat der Chef von Amadeo mich darüber informiert.*“ Am Cover sind vor blauem Hintergrund Peter Cornelius und ein gezeichneter Hampelmann zu sehen. Das Album ist heute nur noch auf Raritätenbörsen zu finden.

Bald nach dem Album erschien mit „Indianer“ eine neue

Single auf einem anderen Label: Polydor. Das Single-Cover war, wie viele Plattenhüllen österreichischer Provenienz damals, nicht gerade große Kunst. Es zeigte die Zeichnung eines hoch zu Ross sitzenden Indianers. Die Schrifttype, die verwendet wurde, erinnerte stark an den Wilden Westen.

Der Songtext ist stark autobiografisch geprägt. Cornelius erzählt darin, dass er als kleiner Bub „Indianer" als seinen Traumjob auserkoren hatte. Beeinflusst von Freunden, geriet diese Wahl zwar kurzfristig ins Wanken, aber am Ende blieb er dabei: Er wird Indianer. Wurde er zwar nicht, wie wir heute wissen, aber am Ende hat sich ja doch alles so ergeben, wie anno 1974 besungen.

Aus der letzten Strophe lässt sich manche spätere Entwicklung bereits herauslesen:

> „Dann kamen harte Jahre
> und ich wollte nichts mehr werden,
> ich träumte nicht einmal mehr
> von den Federn und den Pferden.
> Und schließlich hab ich mich ernsten Dingen zugewandt,
> wenn man dazu so sagen darf, so bin ich heute Musikant.
> Doch manchmal denke ich zurück,
> da wird mir fast zum wana [weinen],
> wie wär' ich einzigartig heut,
> als Donauindianer."

Die Single brachte nicht den erwünschten Erfolg, und Cornelius begann sich schön langsam mit dem Gedanken auseinanderzusetzen, dass es vielleicht doch gescheiter wäre, einmal direkt mit den Häuptlingen des Musikgeschäfts zu sprechen – und die saßen halt nicht in Wien, sondern jenseits der Grenze.

Der Song aber, der ging nicht verloren. Er war Teil des zweiten Albums, das 1974 ebenfalls auf Polydor erschien und den Titel „Fleckerlteppich" trug. Parallel dazu wurde auch der Titelsong als Single ausgekoppelt. Und Jahre später, 1997, erschien der „Indianer" wieder auf dem 3-CD-Box-Set *Schwerelos*.

Der Longplayer *Fleckerlteppich* wurde mit dem ORF koproduziert. Mit dabei die ORF-Big-Band unter der Leitung von Richard Oesterreicher, und unter den Streichern war auch Toni Stricker.

An dieser Stelle ein kurzer Sprung über zwei Jahre, denn 1976 wurde das Album nochmals veröffentlicht. Dann bereits unter der Regie von Peter Cornelius' neuen Vermarktungspartnern – auf dem Label United Artists Records. Die Track-Liste der deutschen LP unterschied sich von der österreichischen Ausgabe, denn „Die Wolk'n" und „Hampelmann" – also jene beiden Songs, mit denen es in Österreich für Peter Cornelius losgegangen war – spielten bei der ersten deutschen Veröffentlichung keine Rolle.

„Flipper“

Doch zurück ins Jahr 1975. Es folgte der nächste Chart-Hit: „Flipper“. Das Cover sah schon deutlich besser aus, und die Produktion war zeitgemäßer – nämlich ORF-Big-Band-frei, ohne die Leistungen der damaligen Musiker auch nur im Mindesten schmälern zu wollen.

Auf der Single-Hülle steht „Im Do-it-yourself-Verfahren“, Peter Cornelius hatte also sämtliche Instrumente im Studio selbst eingespielt, auch das Schlagzeug. Es war die erste Produktion, bei der er die komplette Oberhand hatte. Endlich war der erste Schritt zur Emanzipation getan, nur war der alles andere als leicht. Zumindest hatte er sich sein Vorhaben einfacher vorgestellt, als es dann tatsächlich war. Aufgenommen wurde im legendären Austrophon-Studio, das im Keller des Wiener Konzerthauses untergebracht war. Damals eine der ersten Adressen in Wien. Cornelius allein im Studio. Heute sagt er dazu: *„Da habe ich mir etwas angefangen, was kaum zu bewältigen war. Ich habe mir das eingebildet, dabei Blut und Wasser geschwitzt, es aber eisern durchgezogen.“* Beim Mix der einzelnen Tonspuren zu einem Masterband ist es extrem wichtig, dass die sogenannte „Abhöre“ stimmt. Heute wird dabei auf mehrere unterschiedliche Lautsprechersysteme zurückgegriffen. Vom Küchenradio bis zu großen Studioboxen. Damals gab es nur die eine Abhöre: zwei große Lautsprecher im Technikraum. *„Und die haben schein-*

bar nicht gestimmt. Sie hatten offensichtlich zu wenig Mitten, dadurch mischt man die Stimme zu laut im Verhältnis zum Playback. Als ich dann die Nummer auf einem ganz normalen Plattenspieler und bald darauf auch im Radio gehört habe, war mir klar, dass ich mich beim Mischen durch die Mittendelle der Abhöre wirklich vertan hatte. Aber damals war mir die Abseitsfalle nicht frequenztreuer Abhören in Studios noch nicht geläufig. Aber ich hatte etwas gelernt.“ Der „Flipper“ aber machte sich durchaus beachtlich und stand mehrere Wochen in den Verkaufscharts.

Wenn Cornelius und seine Band heute auf der Bühne den „Flipper“ spielen, dann kommt dieser Klassiker als astreiner Rocksong daher. Und es ist immer wieder schön zu sehen, wie sehr gerade dieses Lied die Jahre so frisch überdauert hat. Das Publikum macht dem Text alle Ehre – die Leute flippen aus! Vielleicht auch aus dem Grund, weil es Peter Cornelius auf eine ganz bestimmte Art schafft, dem österreichischen Idiom, und da speziell seiner Wiener Ader, freien Lauf zu lassen, ohne dabei in den Kitsch oder in platte Attitüde abzurutschen.

Textzeilen wie „Wie a Kugel von an Flipper, immer g'rollt werd'n, des is bitter. Wie a Kugel von an Flipper, i renn im Kreis“ kann man nur aus gelebter Erfahrung schreiben. Abgesehen davon, dass sich nicht wenige Menschen oft genug in genau dieser Situation wiederfinden und Cornelius uns somit aus der Seele schreibt, zeigt sich auch in „Flipper“, dass der Singer-Songwriter immer wieder persönliche Umstände, Erfahrungen, Erinnerungen in seinen Songs verarbeitet. Er schrieb nicht einfach nur Geschichten, er schrieb und schreibt vielfach über sich und sein Leben. „*Ich bin eine seelische Sofortbildkamera*“, sagt er dazu.

Im November 2015 stand Peter Cornelius in Oberösterreich auf der Bühne. Vor dem Konzert gab er einem Redakteur der *Oberösterreichischen Nachrichten* ein Exklusivinterview, in dem unter anderem auch „Flipper" angesprochen wird. Ich zitiere daraus wie folgt:

„‚Wie a Kugel von an Flipper', das war 1975 einer Ihrer ersten bekannten Songs. Wenn Sie sich an dieses Lied zurückerinnern und an die Zeit vor genau 40 Jahren – wie war das damals?
Das war so: Ich habe mich damals nächtelang in einer, ich muss schon sagen, Spelunke herumgetrieben. Und dort ist so ein Flipper gestanden. Ich habe auch immer wieder auf diesem Flipper gespielt, eigentlich nur um mich abzulenken. Dieses Rumgestoßen werden dieser Stahlkugel da drin ist mir dann irgendwie so vorgekommen, als würde ich mein Leben sehen, oder jedenfalls Teile davon. Irgendwann habe ich angefangen, dort an Ort und Stelle diesen Text zu schreiben. Ich habe eigentlich auch schon die Melodie im Kopf gehabt. Es ist oft so, dass Texte schon eine Musik in sich tragen und in vielen Fällen ist es auch umgekehrt. Und dann hat sich das mehr oder weniger von selbst geschrieben. Gleich dort an Ort und Stelle.

Dieses Lied war also auch so etwas wie eine Lebensgeschichte?
Es war das Verarbeiten der ersten Lebenserfahrungen, des ersten größeren Pakets an Lebenserfahrungen. Denn mit Mitte 20 habe ich schon eine Menge erlebt gehabt. Man muss sich vorstellen: Ich bin ja ganz jung – mit 15, 16 schon – auf

der Bühne gestanden, mit einer Gitarre und vor einem Mikrophon. Und da erlebt man einiges, über das man im Zusammenhang mit der Kugel im Flipper und dem Herumgestoßen werden schreibt. Das war eigentlich auch eine Art Aufarbeitung – wie später ‚Reif für die Insel' oder ‚Streicheleinheiten', das sind ja im Grunde genommen auch Aufarbeitungen."

Was man heute weiß, ist, dass der „Flipper" bei Peter Cornelius nicht zum Freispiel, sondern vielmehr zum sich Freispielen geführt hat. Im Zeitraum von 1971 bis 1975 hatte er in Österreich zwei Alben und insgesamt sieben Singles veröffentlicht. Natürlich gab es Erfolge, aber sie waren aufgrund der Kleinheit des Marktes, der Art, wie damals in Österreich Popmusik produziert wurde und der Wertschöpfung, die in einem Sieben-Millionen-Menschen-Markt maximal zu erzielen war, im Vergleich zu dem, was jenseits des Walserbergs möglich war, doch recht bescheiden. Also zog Peter Cornelius die Konsequenzen: *„Ich habe 1976 damit aufgehört, in Österreich Musik und Songs zu produzieren. Ich sagte mir, solange ich es nicht schaffe, in Deutschland Fuß zu fassen, fehlt mir die Perspektive*", erzählt er und erinnert sich an Schlüsselmomente, die ihn darin bestärkten, diesen Schritt anzugehen.

„Meine seinerzeitige Verlegerin bei United Artists Publishing & Records, Gabriele Richt, hat mich mit Menschen aus der deutschen Plattenbranche zusammengebracht. In den Gesprächen habe ich erkannt, wie die ihren Markt sehen. Die haben Österreich als Markt gar nicht ernst genommen. Wenn die Deutschen hier bei uns in Österreich ein paar Platten mehr verkauft haben, auch gut – aber sonst? Für mich war bald

klar: Wenn ich meine Songs weiterhin auf Deutsch schreibe, dann ist mein Zielgebiet die deutschsprachige Welt – und das mit Abstand größte Land in ihr ist Deutschland, also will ich dort hin.“

Peter Cornelius schrieb seine Songs, und Frau Richt kümmerte sich um die Termine bei deutschen Labels und gab ihnen erste Tapes mit neuen Cornelius-Songs. Sie leitete auch bereits vorhandene Platten an die Rundfunkanstalten in Deutschland weiter, und diese wurden da und dort auch gespielt.

Die Jahre 1976 bis 1978 waren Jahre in der Zwischenwelt. So ganz konnte Cornelius sein Vorhaben, in Österreich nicht mehr zu produzieren, nicht einhalten. Fünf Singles sind in diesem Zeitraum erschienen. Plus zwei Alben.

Doch dann hieß es „Go West“. Für Peter Cornelius begann eine neue Zeitrechnung, und alles, was bisher geschehen war, sollte sich ab nun auf einer wesentlich größeren Bühne abspielen. Alles wurde jetzt anders, und das ist keine Übertreibung.

Wien – Hamburg – München – Frankfurt – Wien

Peter Cornelius ist ein Ur-Wiener. Er und diese Stadt pflegen ein sehr wienerisches Verhältnis. Ein familiäres. Und der Familie kannst du bekanntlich nicht entkommen. Man hat sie, versucht damit klarzukommen, und wenn die Chemie auch nicht immer stimmt – es bleibt Familie. In den Genen verankert. Seit Generationen weitergegeben.

Die Unterschiede im Musikgeschäft zwischen Deutschland und Österreich bestanden schon immer. Das liegt nicht nur an den unterschiedlichen Größenverhältnissen der Märkte, sondern auch an der jahrelangen Randlage Österreichs. Bis zum Fall des Eisernen Vorhangs war vor allem Wien ein letzter Außenposten des Kapitalismus. Dahinter galten andere Regeln, vor allem, was Popmusik betraf. Dazu kam auch ein öffentlich-rechtlicher Rundfunkmarkt, dessen Vorherrschaft im Radiobereich erst 1998 endete. Österreich hatte damals eine Art von Insellage. Die Labels und Majors der internationalen Musikkonzerne waren noch nicht so von regionalen Strukturen wie heute abhängig. Seit gut und gerne 25 Jahren sind die hiesigen Niederlassungen der Majors in den G/S/A-Strukturen eingebettet. Also Germany/Switzerland/Austria.

Das heißt, die Chefs der hiesigen Chefs sitzen in München, Hamburg und Berlin. Damals, 1979, fungierte jede Niederlassung eigenständiger. Man berichtete direkt nach London oder New York und war nicht von Direktiven aus Deutschland abhängig. Durch die G/S/A-Struktur sind die Niederlassungen der Labels heute somit wesentlich mehr untereinander verbandelt und voneinander abhängig, als dies früher der Fall war. Im Grunde gibt der große Nachbar heute die Strategien, die Budgets und mehr vor, was aber nicht bedeutet, dass die Leine unbedingt sehr kurz sein muss. Fakt ist trotzdem: Je größer das Potenzial eines Marktes, umso gewichtiger die Stimme.

Im Wort Musikgeschäft steckt das Wort „Geschäft" – und bei aller Liebe und Leidenschaft für Musik: Es ist und bleibt ein Geschäft. Soll und Haben regieren. Aber das nutzt alles gar nichts, wenn der Markt nicht die entsprechende Größe hat, um Produktions- und Marketingkosten auch wieder einzuspielen. Der Break-even-Point ist die magische Zahl, die am Ende jeder Kalkulation steht. Das Finden und Entwickeln von Talent kostet Geld, und die Möglichkeit, eine Produktion über den Break-even zu heben ist eher gegeben, wenn der Markt vergrößert wird. Das Einmaleins für österreichische Popmusiker lautete daher: Krieg die Deutschen mit ins Boot!

Das Verhältnis der beiden Länder war im Musikgeschäft seit jeher das eines kleinen Cousins zum großen. Die Unterschiede finden sich nicht nur in der Sprache und der Mentalität. Vielmehr hat Österreich in Deutschland immer noch ein wenig den Status eines Exoten. Es ist für die Deutschen das Land, in dem der Schmäh regiert und alles irgendwie nach Urlaub klingt. Ernst genommen wird man als Kreativer von den Kassenwarten der deutschen Musikwirtschaft nur zum Teil, aber wenn sich dann tatsächlich ein erster Erfolg einstellt, sieht die Situation völlig anders aus. Es zeigt sich die Potenz des Marktes, große Räder beginnen sich zu drehen, und ab diesem Moment wird das österreichische Idiom der Künstler in Deutschland zu einem unschätzbaren Alleinstellungsmerkmal. Die weiche, melodische Sprache, die sich durch Dialekteinwürfe und den Akzent ergibt, filtert die Schärfe aus Textzeilen, macht sie charmanter und gibt Liedern eine sehr persönliche Atmosphäre und Emotion. All das, plus die charakteristische Phrasierung der Singstimme, brachte Peter Cornelius mit, als es in Hamburg zu einem Treffen kam, das seine weitere Karriere maßgeblich beeinflussen sollte.

Rödingsmarkt 14, Hamburg-Altstadt. Unter dieser Adresse firmierte bis 1984 das zur PolyGram-Gruppe gehörende Unternehmen Phonogram. Die Phonogram war keine kleine Klitsche, sondern eine wichtige Größe der bundesdeutschen Musikwirtschaft. Sie kümmerte sich nicht nur um eigene Produktionen, sondern auch um jene der Labels Philips, Fontana, Casablanca, Mercury und Vertigo.

Im Konferenzraum von United Artists Publishing München trafen zusammen: Peters Verlegerin Gabriele Richt, der Plattenmanager und Produktentwickler der Phonogram Jürgen Sauermann, Peter Cornelius und der junge Producer Michael Cretu. Gabriele Richt hatte die Idee, dass sich die beiden kreativen Köpfe Cretu und Cornelius einfach einmal kennenlernen sollten.

Peter kam mit ersten Song-Entwürfen im Gepäck angeflogen. Die Listening-Session lief gut, Sauermann zeigte Interesse, und auch die Chemie zwischen Cretu und Cornelius stimmte. Und, was der Profi Sauermann sofort erkannte, es war der perfekte Zeitpunkt für die Art von Songs, wie er sie auf den Demos des jungen Wieners hörte. Die ausklingenden Siebziger- und frühen Achtzigerjahre waren die große Zeit der Singer-Songwriter in Deutschland.

Zumeist waren es allerdings ganz eindeutig Liedermacher, die intellektuelle Kopfmusik machten, wobei *„die Musik oft nur als Transportmittel für die Texte verwendet"* wurde, stellt Peter Cornelius fest.

Cornelius hingegen versuchte immer, der Musik und dem Text gleich viel Anteil am Ganzen zu geben. *„Am liebsten würde ich der Musik 50 % und dem Text auch 50 % geben. Aber die Leute in unserer Hemisphäre sind in erster Linie ein Wort-Publikum"*, meint er und erklärt: *„Hat jemand einen hervorragenden Text, der die Menschen berührt und dazu eine eher mittelmäßige Musik, wird der Titel wahrscheinlich ein Hit. Wenn umgekehrt jemand eine wirklich sehr gute Musik, aber nur einen Text hat, der niemanden wirklich interessiert, wird nichts daraus. Dazu habe ich noch die Erfahrung gemacht, dass man den Inhalt des Textes oft nicht mitbekommt, wenn der Text zu ideal auf den Tönen sitzt. Manchmal kommt es mir so vor, als würde eine zu ideale Übereinstimmung wie ein Tarnanzug für den Text wirken. Ein paar Ecken und Kanten machen ihn oft verstehbarer."*

Peter Cornelius' Qualitäten sind seine Stimme, sein österreichischer Akzent und seine Gabe, in seinen Songs Geschichten zu erzählen, die eine gewisse charmante Leichtigkeit besitzen und nie platt daherkommen. Liebeserklärungen, völlig kitschfrei, aber trotzdem auf ihre Art romantisch. Erhobenen

Zeigefinger gibt es bei ihm selten. Oft sind seine Songs aus dem alltäglichen Leben gegriffen, und man wundert sich immer wieder, wie oft man über Situationen stolpert, die man aus Cornelius-Liedern kennt.

Der Plattenmanager Sauermann hatte das Potenzial richtig erkannt. Es ging hier nicht um Liedermacherei. Gut gemachte Popmusik sollte es werden, mit deutschen Texten. Songs, die im Radio genauso wie auf der Livebühne funktionieren und die ob ihrer Inhalte einen hohen Erinnerungs- und Wiedererkennungswert haben. Genau das ist die große Kunst des Peter Cornelius. Es gibt nicht viele Singer-Songwriter, die ein Lied über einen eben fertig gebrühten Kaffee schreiben und singen können, ohne dabei von der Kritik vom Hof gejagt zu werden. Cornelius konnte das, und „Der Kaffee ist fertig" ist nur ein Beispiel dafür, wie liebesliedhafte Situationsschilderungen auch klingen können.

1979 und 1980 kamen die Dinge in Deutschland in Bewegung. „*Die Leute in der Branche dort waren ein ganz anderer Menschenschlag als hier in Wien. Es gab auf einmal einen Plan, der Hand und Fuß hatte, Zusagen, auf die man sich verlassen konnte. Da war mir klar: Jetzt habe ich es mit den wirklich wichtigen Leuten in der deutschen Musikbranche zu tun.*"

Peter Cornelius wird nachgesagt, Perfektionist zu sein. Damit geht er, wie manche meinen, bis an die Schmerzgrenze. Bei sich und bei den Menschen, die mit ihm arbeiten. Er selbst sagt dazu: „*Wer das behauptet, hat es noch nie mit einem wirklichen Perfektionisten zu tun gehabt. Wenn Leute mich als Perfektionist bezeichnet haben, musste ich immer verwundert lachen. Ich empfinde mich überhaupt nicht so, denn ich bin zum Beispiel auch phasenweise schlampig und faul.*" Und was Verlässlichkeit betrifft, gilt: Hat er eine Zusage gemacht, dann hält er sich eisern daran. Was er so überhaupt nicht ausstehen kann, sind Dampfplauderer aller Couleur. Dass er sich dafür das definitiv falsche Business ausgesucht hat, wurde ihm bald klar, steckt doch im Wort „Showbusiness" schon drin, worum es geht: um die Show! In allen Bereichen. Das urösterreichische „Hätt i, wär i, tät i" und „Es wird schon irgendwie gehen" kann er nicht ausstehen, und er wehrt sich dagegen auf seine Weise, in einer sehr direkten Art. Nicht wenige Menschen, die mit ihm arbeiten, können damit nur schwer umgehen. Ist er das, was man in Wien ein „Häferl" nennt? Also ein Mensch, der schnell in die Luft geht? Ja, aber nur dort, wo Zusagen nicht eingehalten werden, wo die Dampfplauderei Unvermögen überdecken soll. Nach mehr als 45 Jahren in der Musikbranche hat Cornelius geglaubt, alles Mögliche und Unmögliche schon erlebt zu haben. Doch bis heute wird er immer wieder überrascht, was der Einfallsreichtum mancher Leute so hervorbringt. Ist Peter Cornelius ein Diplomat? Nein. Und es ist auch gut, dass er keiner ist, denn er hätte nie erreicht, was er am Ende erreicht hat, hätte er sich ständig ein Blatt vor den Mund genommen.

Zusammenfassend sagt er dazu: *„Man vereinbart etwas, ich halte mich daran, die andere Seite nicht. Worauf ich sage, so war das nicht vereinbart, so will ich das nicht, so mache ich nicht mit. Und dann rennen diese Leute jahrelang durch die Gegend und behaupten, ich sei schwierig. Dieses Muster habe ich jetzt schon so oft erlebt, dass es abgesehen von allem anderen auch längst wirklich langweilig geworden ist. Wie ein Film, der im Fernsehen schon zum zigsten Mal wiederholt worden ist – man kann schon synchron mitreden."*

Peter Cornelius muss man mit Kompetenz und Zuverlässigkeit begegnen. Dann erreicht man die Augenhöhe, die es braucht, damit etwas Gutes entstehen kann. Ohne Handschlagqualität geht bei ihm gar nichts. Bei und mit Michael Cretu hat das sofort funktioniert. Die Chemie stimmte, und Cornelius saß von nun an regelmäßig im Flieger nach Hamburg, Frankfurt, München. Das Haus in Hadersdorf blieb aber noch lange sein Domizil in Wien. Dort, in seinem Demostudio, entstanden zahlreiche Hits. Mit den Grundgerüsten der Songs ging es dann nach Deutschland. Konkret: nach Bad Homburg bei Frankfurt.

Von der Gokart-Bahn zur Formel 1

„Europasound Studio – da musste man damals hin“, sagte der Hitproduzent Frank Farian 2016 in einem Interview. In den ursprünglich in Offenbach beheimateten Studios nahm Farian die großen Hits von Boney M. und zahlreichen anderen Stars der Siebzigerjahre auf. Ende des Jahrzehnts zogen die Studios um und bauten in Bad Homburg, in der Nähe von Frankfurt am Main, einen komplett neuen Studiokomplex. Drei Aufnahmeräume, Technik vom Feinsten.

Michael Cretu war 23 Jahre alt und Peter Cornelius 29, als die beiden im Europasound Studio einrückten und sich an die erste Album-Produktion im Rahmen des Phonogram-Vertrags machten. Cretu galt als kommender Mann in der Branche, und die beiden konnten gut miteinander.

„Ich fühlte mich, als wäre ich von einer Gokart-Bahn übergangslos bei der Formel 1 gelandet. Mir war, als hätte ich Flügel bekommen. Ich liebte es, jeden Tag dieses Studio zu betreten. Am liebsten hätte ich gleich dort geschlafen. Michael hatte unglaublich erwachsen und professionell die Produktion in die Hand genommen. Er suchte auch mit seinem wunderbaren Instinkt die richtigen Musiker aus, und ich hatte das absolut sichere Gefühl, dass sämtliche Aspekte bei ihm in den allerbesten Händen sind. Auch seine Gabe zu arrangieren und sein

musikalisches Mitwirken als Pianist bei meinen Songs war eine wahre Wohltat. Mein Leben hatte die entscheidende positive Wendung genommen“, ist Peter Cornelius noch heute dankbar.

Als Michael Cretu daranging, die Musiker für die Studioaufnahmen zusammenzustellen, nahm er Peter zur Seite und meinte, es „wäre vielleicht nicht schlecht, wenn du bei den Aufnahmen noch einen Wiener dabeihättest“. Und fügte hinzu: „Ruf den Kurt an.“

Kurt Hauenstein – auch bekannt als Supermax – war bereits in den frühen Siebzigerjahren von Wien nach Frankfurt gezogen und bald einer der gefragtesten Bassisten für Aufnahmesessions. Er spielte unter anderem für Frank Farian und entwickelte 1977 gemeinsam mit dem Produzenten Peter Hauke das erste Supermax-Album: *Don't Stop the Music.*

Hauenstein und Cornelius kannten sich. 1973 sollten sie gemeinsam bei Plattenaufnahmen für die von Richard Schönherz komponierte Rockoper *Victor* in den Londoner Abbey Road Studios tätig werden. Peter Cornelius wollte aber nicht mitmachen, denn er hatte sich schon damals entschieden, seine eigenen Songs zu schreiben und seinen eigenen Weg zu gehen. Das einzig Gute an der Sache war, dass sich Hauenstein und Cornelius persönlich kennengelernt hatten. Und so rief kein Unbekannter bei Supermax an, damals im jungen Jahr 1980. Zwei Wiener in Frankfurt am Telefon:

Cornelius: „I bin jetzt da, im Europasound. Willst net mitspielen?“

Hauenstein: „Wer spielt denn sonst noch?“

Cornelius: „Der Dicky Tarrach, NilsTuxen, der Michael Cretu, i und a paar andere.“

Hauenstein: „I kumm."

Und so kam es, dass ein paar Tage später Supermax im Europasound Studio stand und bei acht von zehn Tracks des Albums *Der Kaffee ist fertig* von Peter Cornelius den Bass spielte.

„Der Kaffee ist fertig" – Cornelius war der fixen Überzeugung, dass sie ihn in Hamburg mit der Titelzeile auslachen würden. Wen sollte das bitte interessieren? Ein Lied, in dem es darum geht, dass der Kaffee fertig ist! Er sollte sich täuschen. Jürgen Sauermann und die Phonogram setzten zielsicher auf den Song, fanden das Thema originell, wohl auch etwas exotisch und wollten dem ersten Album von Peter Cornelius unbedingt diesen Titel geben. *„Ich war ein wenig erschrocken, damit hatte ich nicht gerechnet"*, beschreibt Peter Cornelius seine damalige Reaktion.

Die Plattenfirma fragte den Künstler erstaunt, wie man auf so eine Idee komme. Die Erklärung: *„Es war einfach mein Versuch, die Atmosphäre einer mir lieb gewordenen Morgensituation so festzuhalten, dass andere sie nachvollziehen können. Eine Art akustisches Aquarell. Nichts weiter."*

Mit Sicherheit spielt die Tatsache, dass die Art, wie Cornelius im Wiener Dialekt sang, auch im Norden Deutschlands immer verstanden wurde, eine Rolle dabei, dass er in ganz Deutschland so großen Erfolg hatte. Das war keine Selbstverständlichkeit, denn in den allermeisten Fällen ist Wienerisch da oben so etwas wie eine Fremdsprache. Bis Würzburg ist alles kein Problem. Oberhalb des Weißwurstäquators, also ungefähr ab Frankfurt, wird es mit dem Wiener Dialekt dann aber schon recht haarig. Doch diesen Peter Cornelius aus Hadersdorf haben sie auf wundersame Weise alle immer auf Anhieb verstanden.

Phonogram ermöglichte ihm, zum ersten Mal so zu arbeiten, wie er es sich immer gewünscht hatte. Ein topmodernes Studio, ein Produzent, mit dem er sich austauschen konnte, die Arrangements endlich so, wie sie international klingen, und die Musiker alle Vollprofis. Höhere Budgets ermöglichten andere Arbeitsweisen. Die Freude bei Peter Cornelius war groß. Er fühlte sich wohl bei der Phonogram Hamburg, und vor allem fühlte er sich verstanden. Die Firma stand hinter ihm, ließ ihn kreativ gewähren, und damit war er endlich dort, wo er hinwollte.

Große Freude hatten auch die Kaffeehändler von Melitta. Sie machten aus dem Song eine „Melitta-Präsent-Idee" in Gestalt einer Schallplatte. Das Cover zeigt Peter Cornelius, wie er gerade in einem Kaffeehäferl rührt, und der Blick, den er dabei in die Kamera richtet, darf durchaus als „vollaromatisch" durchgehen. Leser jenseits der österreichischen Staatsgrenze mögen mir das „Häferl" verzeihen, aber ein Lied wie dieses verträgt die Bezeichnung „Tasse" schlichtweg nicht. Da wollen wir schon authentisch bleiben.

„Als die Plattenfirma mit der Melitta-Geschichte ankam, wusste ich, dass ich da zähneknirschend mitmachen muss, damit sie bei Phonogram sehen, dass ich ihre Bemühungen ganz eindeutig unterstütze. Nichts wäre in dieser Anfangsphase der Zusammenarbeit schädlicher gewesen, als wenn die Leute in Hamburg das Gefühl gehabt hätten, ich wäre nicht zur Kooperation bereit", erklärt Peter Cornelius seine Mitwirkung an diesem Marketinggag.

Interessant ist auch, dass das Originalalbum zwei Jahre später, 1982, in der DDR veröffentlicht wurde. Es war eine Lizenzübernahme durch das DDR-Staatslabel Amiga. Österreich und die DDR verband immer eine Art inoffizielle Verwandtschaft, ging es den Ostdeutschen doch ähnlich wie den Österreichern. In der Vor-Wendezeit, als noch die D-Mark regierte, fühlten sich beide mit ihren Ost-Mark und ihren Schillingen ein wenig wie die arme Verwandtschaft. Da kam ein sympathischer österreichischer Singer-Songwriter mit charismatischer Stimme und einem stimmungsvollen Morgensong gerade recht.

Die Single ging zwar da wie dort nicht raketenhaft durch die Decke, aber über die Jahre gesehen ist Peter Cornelius damit ein absoluter Evergreen gelungen. Eine zeitlose Melodie und ein noch zeitloserer Text. Ein Song, der die Jahrzehnte überdauert hat. Und auch das Album setzte erste Wegmarken in Deutschland und zeigte, dass die Richtung stimmte.

Das zweite Album *Zwei* folgte noch im selben Jahr, also 1980.

1981 erschien das dritte Album für Phonogram: *Reif für die Insel.* Schon der optische Auftritt dieser LP war ein Meilenstein der Produktentwicklung rund um Peter Cornelius. Das Cover ohne Künstlerfoto. Es zeigt nur Peter Cornelius' Hand, die eine Insel trägt, und dahinter brauen sich Wolken zusammen. Es ist ungewiss, ob es zu einem Gewitter kommen wird, aber die Symbolik des Cover-Paintings ist eindrucksvoll.

Von *Reif für die Insel* erschienen zwei verschiedene Versionen, eine deutsche und eine abgeänderte österreichische Ausgabe – von der Cornelius gar nichts wusste –, die sich in einem Punkt voneinander unterschieden: Auf der österreichischen Version wurde ein Song gegen den Titel „Du entschuldige – i kenn di" ausgetauscht.

Die gesunde Naivität

„Es geht um ein kurzes Erlebnis. Man trifft jemanden, den man lange nicht mehr gesehen hat. Diesen Eindruck habe ich beschrieben. Niedergeschrieben wie ein Diktat. Als wenn ich alles schon längst fertig, den kompletten Song in mir gehabt hätte. Das ging ganz schnell! Die Naivität war, Gott sei Dank, so kerngesund und unbeschädigt, spontanes Tun, ich habe einfach nur geschrieben. Eigentlich war das ein Riesenglück, denn fragt die Spontaneität vorher die Erfahrung ab, dann hinterfragt man und lässt es dann vielleicht sein. So war alles ein völlig naives Tun, ohne Vorsatz. Ehrlich: Fängt man nach langem Nachdenken ein Lied mit ‚Wann i oft a bissl ins Narrenkastl schau' an? Nein!" Womit wieder einmal bestätigt ist, dass die großen Hits der Popgeschichte oft das Ergebnis einer unvorhersehbaren Konstellation sind. Dieser eine magische Moment, in dem sich alles wie ganz von selbst zusammenfügt. Ohne vorheriges langes Grübeln.

„Du entschuldige – i kenn di" war Cornelius' erste Nummer 1 in Österreich. Chart-Einstieg im Oktober 1981. 24 Wochen lang war der Song in der österreichischen Single-Hitparade, in Deutschland war es nur eine Woche weniger.

„Du entschuldige – i kenn di" und das Album *Reif für die Insel* dürfen als der endgültige, richtig große Durchbruch von Peter Cornelius in Deutschland und in Österreich gelten. Da war er, der kommerzielle Erfolg. Endlich wurden all die guten Kritikermeinungen und die Medienerfolge auch im Plattenladen von den Käufern bestätigt. Die harte Währung im Musikgeschäft sind seit jeher Verkaufsziffern und Chart-Platzierungen, und Fakt ist, dass das Album *Reif für die Insel* in Deutschland im Jahr 1982 insgesamt 44 Wochen in den Longplay-Charts stand. Die LP hatte sich zum Dauerbrenner entwickelt.

Und wieder war es die Naivität, dieses nicht Hinterfragen, der der Song „Reif für die Insel" zu verdanken ist. Obwohl das im Grunde für Cornelius nicht typisch ist, denn er ist sehr wohl ein Denker, aber es sind immer wieder spontane Reaktionen auf etwas, aus denen sich dann Songs entwickeln. Kurz gesagt: Wäre da nicht der spontane Zorn, der ihn überkommen kann, „Reif für die Insel" hätte es wohl nie gegeben.

Was aber war der konkrete Anlass für diesen Zorn? Nun, die ersten Erfolge in Deutschland hatten auch gewisse Nebenwirkungen, die so eine Musikerkarriere eben mit sich bringt. Musik und Texte schreiben, schön und gut – aber was folgt, sind zeitaufwendige Promotiontermine, administrative Dinge, die erledigt werden müssen, ständiges Herumreisen. Zum Teil sind das natürlich auch die Aufgaben eines Managements. Bloß hatte Peter Cornelius nie jemanden, der sich explizit für ihn darum kümmerte. *„Manager waren mir durch die Storys, die ich über sie kannte, immer schon suspekt"*, merkt er dazu an. Seit Jahren ist nun seine Frau Ulrike in diese Rolle geschlüpft, aber damals, Anfang der Achtzigerjahre, war er diesbezüglich auf sich allein gestellt. Auch wenn es ein bisschen Unterstützung von der Plattenfirma und seiner Verlegerin gab. Es gab zwar immer wieder Menschen, die sich anboten oder sogar aufdrängten. Aber um sich anderen

Leuten auszuliefern, dafür fehlte ihm immer das nötige Vertrauen. Der Wassermann war immer ein Einzelkämpfer. Von Anfang an, und so blieb es viele Jahre. *„Ich hätte mich in den Achtzigerjahren mindestens zweimal gebraucht: einmal als Songschreiber und mindestens noch einmal als der, der für die Promotion zur Verfügung steht*“, stellt er dazu im Rückblick fest.

Kein Manager, kein Backoffice, das die Jobs erledigte – das bedeutete, alles selbst machen zu müssen. Und so kam es, dass Cornelius nach einem längeren Aufenthalt in Deutschland wieder einmal vor der Gartentür des Hadersdorfer Holzhauses stand. Neben der Tür hing ein Briefkasten. Ein massives Stück, amerikanisches Modell, vom Vater gebaut, und dieser Briefkasten wurde auch dazu benutzt, darin den Schlüssel vom Gartentor zu deponieren. An diesem Abend gelang es Peter Cornelius nicht, an den Schlüssel ganz unten im Briefkasten heranzukommen. Dieser war nämlich bis obenhin vollgestopft mit Kuverts. Die Post der letzten zehn Tage. Er griff mit beiden Händen nach dem Packen Papier und stopfte ihn – unbesehen – in die neben dem Gartentor stehende Mülltonne. Rechnungen, Briefe vom Finanzamt, offizielle und persönliche Schreiben – alles landete in der Tonne. Dann ging er direkt in sein Demostudio und schrieb „Reif für die Insel“.

„‚Reif für die Insel‘ war nie ein Urlaubslied“, sagt Cornelius. Just zu jenem Zeitpunkt, an dem die Karriereampel auf Grün sprang, machten sich erste Symptome körperlicher und psychischer Überforderung bemerkbar. Peter Cornelius wollte den Kopf frei haben für Songs, fürs Gitarre spielen, für Texte. Doch stattdessen nahmen all die Begleiterscheinungen des

Erfolgs, lauter Dinge, die absolut nichts mit Musik zu tun haben, immer mehr Raum ein. „Reif für die Insel" war eine Art Aufschrei – und paradoxerweise der Auslöser dafür, dass sich das Rad jetzt noch schneller zu drehen begann.

Auch der Gartentorschlüssel kam übrigens noch zu Hitparaden-Ehren. Mit ihm spielte Peter Cornelius die Slide-Gitarre, zu hören auf „Du entschuldige – i kenn di". Er hatte keinen Bottleneck mit ins Studio genommen, aber zufällig diesen Schlüssel eingesteckt. Zwei seiner größten Hits hat der Singer-Songwriter somit ein wenig auch dem alten Schlüssel zu verdanken.

An die Aufnahmen zum Album *Reif für die Insel* kann sich Cornelius noch ganz genau erinnern. Die kreative Kraft, die Chemie, die zwischen allen Beteiligten herrschte, ließ die Aufnahmen zügig fortschreiten. „*Es war alles auf besonders dynamische Weise im Fluss und flog fast dahin*", erzählt Cornelius, und die vier Wochen Studiozeit, die Phonogram das Europasound Studio gebucht hatte, brauchte es gar nicht. Das Album war mit drei Wochen Aufnahmedauer vor der Zeit fertig und komplett eingespielt, und so nutzte man die restlichen Tage zum Entspannen. Peter Cornelius und Michael Cretu unternahmen viele Spaziergänge, führten stundenlange Gespräche. Diese Zeit in Bad Homburg war der eigentliche Beginn ihrer Freundschaft, die bis heute hält und von der hier später noch zu lesen sein wird.

„*Als wir mit den Aufnahmen zum Album* Reif für die Insel *fertig waren, habe ich zu mir gesagt: Wenn das jetzt nichts wird, dann weiß ich auch nicht*", so Cornelius. Und fügt hinzu: „*Es war ein Riesenglück, dass ich Michael kennengelernt habe und er die Produktion dieses Albums in die Hand genommen hat. Er und ich, wir haben ohne von außen beeinflusst zu sein einfach gearbeitet. In Popmusik steckt immer auch ein hoher Anteil an Psychologie und Soziologie, was für die Musik an sich nicht immer gut ist, weil das auch vieles ausschließen kann. Der Zwang, um jeden Preis Erfolg haben zu müssen, bringt die Leute oft dazu, sich zu verzetteln, anstatt alles einfach laufen und der Musik ihren natürlichen Fluss zu lassen.*“

In der Tat ist der Fluss, von dem Peter Cornelius spricht, auf dem Album *Reif für die Insel* beim Hören spürbar. Hier hat niemand versucht, eine musikalische Doktorarbeit zu fabrizieren, sondern die Songs wirken wie von der Leine gelassen. „Ganz Wien hat den Blues“ zum Beispiel oder das offene Bekenntnis des erwachsenen Mannes zu seiner Sehnsucht nach „Streicheleinheiten“ oder das unschuldig wirkende „Du entschuldige – i kenn di“. Vor allem dieses Lied erzählt von einer verschütteten Sehnsucht, die auf einmal da ist, ausgelöst von Erinnerungen, die völlig unerwartet wieder auftauchen, als es nach Jahren zu einem völlig überraschenden Zusammentreffen kommt.

Dass die Titelzeile „Reif für die Insel“ von der Tourismusindustrie – ohne seine Zustimmung – und weiß Gott von wem sonst noch gekapert wurde, war nicht zu verhindern. Viel mehr über die Qualität des Songs sagt die Tatsache aus, dass die Titelzeile von uns in den allgemeinen Sprachgebrauch übernommen wurde. Da steckt alles drin, was – wahrscheinlich – jeden von uns irgendwann einmal erwischt. Früher oder später. Den einen öfter, den anderen seltener. Nicht mehr können, nicht mehr wollen, den Hut draufhauen und ab auf eine Insel, wo die täglichen Quälereien weit weg sind. „Reif für die Insel“ ist keine Kopfmusik. Es ist ein Song, der direkt aus dem Bauch kommt. Entstanden in exakt so einer Situation, wie er sie beschreibt. Und genau darin liegt auch der eigentliche Grund, warum der Song all die Zeitenwenden, die es in der Popmusik gibt, mühelos überlebt hat. Es gibt nicht viele Lieder, denen das vergönnt ist. „Reif für die Insel" gehört jedenfalls dazu.

Der Tag hat 48 Stunden

Setzt sich der Zug im Showbusiness einmal in Bewegung, wird aus dem Bummelzug rasch ein Express. Haltestellen gibt es nur mehr wenige, und die Zeit rast dahin. Showbusiness-Tage zählen doppelt, haben statt 24 Stunden gefühlt doppelt so viele. Läuft ein Album gerade richtig gut, dann gilt es nicht nur, umgehend den Nachfolger vorzubereiten – also Songs zu schreiben und was sonst noch so dazugehört –, sondern man ist als Künstler auch noch damit beschäftigt, das aktuelle Album zu promoten. Eine Single nach der anderen wird ausgekoppelt, das bedeutet TV-Termine, Fotosessions, Interviews. Rauf auf die Bühne. Live. Konzerte. Tourneen.

Die erste Tournee mit Band durch Deutschland fand 1982 statt und lief unter dem Tournamen „Du entschuldige – i kenn di". Der legendäre deutsche Konzertveranstalter Fritz Rau buchte Peter Cornelius für 18 Konzerte, die in 17 (!) Tagen durchgepeitscht wurden. *„Als wir den Tourplan vorgelegt bekamen, standen da 17 Tage mit einem Doppelkonzert in Kassel, und wir haben nicht lange gefackelt. ‚Keine Frage, das machen wir natürlich!', ich und meine Band hatten ja Kraft ohne Ende. Nach den ersten Konzerten hat sich dann allerdings schnell herausgestellt, dass das eine echt fordernde Angelegenheit wird. No days off – keine freien Tage. Wir lebten natürlich Rock 'n' Roll pur auf der Tour, und so wurde bald klar, dass unsere*

Kräfte nicht wie angenommen unendlich sind. Es war anstrengend, und nach einer Woche bin ich in Würzburg bereits beim HNO-Arzt gesessen. Und da mein Freund Hansi Dujmic einige Titel mitgesungen hat, war er gleich mit dabei bei ‚Strecken Sie die Zunge heraus, ich muss mir die Stimmbänder ansehen'.“

Es war anstrengend, ja, aber auch eine Zeit, die unvergesslich ist. Der direkte Draht zum Publikum, zu den Fans. Der Aufwind war deutlich spürbar.

Die Proben für die Tour fanden auf allerengstem Raum im Hadersdorfer Holzhaus statt. Die Band der beiden Tourneen 1982 und 1983 setzte sich ausnahmslos aus österreichischen Musikern zusammen. Mit dabei Hansi Dujmic (Gitarre), Gary Lux (Keyboard), Robert Kastler (Keyboard), Alex Munkas (Schlagzeug) und Norbert Morin (Bass). Bis auf Morin waren alle Bandmitglieder damals in der Formation Chaos de Luxe tätig und somit perfekt aufeinander eingespielt. Allesamt Profis und ausgezeichnete Musiker.

Ab 1983 ging es dann in regelmäßigen Abständen auf Tournee. Jedes neue Album wurde auf diese Weise promotet. Der Unterschied zwischen damals und heute ist, dass sich die Situation mittlerweile genau umgekehrt hat. Seit dem Siegeszug der digitalen Musik und den damit verbundenen Umwälzungen im Musikgeschäft, die sich in deutlichen Umsatzrückgängen seit dem Jahr 2001 ausdrücken, promotet heute in erster Linie das Album die Tour. Vielfach spielen physische Tonträger dabei nur mehr die Rolle eines Merchandising-Produkts, das am Fan-Stand zum Kauf angeboten wird, wobei durchaus noch relevante Umsätze erzielt werden. Schließlich kann man sich auf MP3 – und auch auf Stream – kein Autogramm geben lassen. CDs, und auch die lange totgesagten Vinylplatten, sind eben immer noch die mit Abstand schönsten Erinnerungen zum Mitnehmen nach einem Konzert.

Doch zurück in die Achtzigerjahre. Das jährliche Album, die jährliche Tournee, dazu die Singles. Das Material musste zuerst ja geschrieben, produziert und promotet werden. Proben für die Tour, Auftritte im Fernsehen. Wer schon einmal die Möglichkeit hatte, bei der Produktion einer Fernsehshow hinter die Kulissen zu schauen, wird bald bemerken, dass für die auftretenden Künstler die meiste Zeit mit Warten draufgeht. Warten auf die Stellproben, die dann meist nur 15 Minuten dauern, warten bis zur ersten Durchlaufprobe, dann die zweite Durchlaufprobe, die Generalprobe und schließlich die Show.

Bei Singer-Songwritern wird in solchen Fällen das Zeitbudget recht schnell sehr knapp. Texten, komponieren, Demoaufnahmen machen. „*Ich bin keiner, der in Kantinen von Fernsehanstalten schnell mal einen Song schreibt. Ein Einfall kommt, wann er will und nimmt keine Rücksicht darauf, wann für ihn gerade noch Zeit übrig bleibt, obwohl er die Hauptperson ist. Die Kreativität will kein Stiefkind-Dasein führen. Ideen nehmen grundsätzlich keine Rücksicht auf den Terminplan. Wenn keine Zeit für sie da ist, sind sie Durchreisende*“, sagt Peter Cornelius und stellt sich von Zeit zu Zeit die Frage: „*Wie viele Titel hast du eigentlich nicht geschrieben, weil du gerade irgendwo auf der Autobahn, am Flughafen oder in einem Fernsehstudio gesessen bist? Und wie viel Zeit hast du eigentlich damit verbracht, um Entfernungen zu überwinden?*“ Die Antwort: „*Viel zu viel!*“ Sein Resümee: „*Hätte ich stattdessen nur einen guten Song mehr geschrieben, wäre das viel wichtiger gewesen. Die Termine sind vorbei und vergessen, aber ein guter Song, der bleibt.*"

Doch die Promotionarbeit musste gemacht werden, hier die Handbremse zu ziehen, war nicht möglich. „*Ein ‚Lasst mich in Ruhe damit', das war ausgeschlossen, denn alles ist ständig im Rollen. Es ist wie ein Slalomkurs, der nie aufhört. Eine Zielflagge kommt nicht in Sicht, und irgendwann fragt man sich, wie lange das so gehen soll, gehen wird?*"

Ab dem Jahr 1983 lief Peter Cornelius' Karriere in Deutschland mit Volldampf. Charts, Plattenverkäufe, Konzerte. Die monetäre Situation hatte sich grundlegend gewandelt. Er, der zuvor kaum Geld gehabt hatte, brauchte sich darüber auf einmal keine Gedanken mehr zu machen. Das war einerseits beruhigend, andererseits sagt er über sich: „*Ich war nie ein Mensch, der sein Geld groß ausgegeben hat für so einen Blödsinn wie zum Beispiel einen Ferrari.*" Peter Cornelius ein Sparefroh? „*Nein, gar nicht. Ich wollte nur diesem Metier nie ausgeliefert sein, nie ins rostige Messer laufen. Ich habe schon ein bisschen darauf geachtet, dass sich nicht alles in Luft auflöst.*"

Vom Norden in den Süden

In den Achtzigerjahren spielten in Deutschland die Städte Hamburg und München im Musikgeschäft die Hauptrollen. Warner Brothers mit WEA und die Polygram waren in Hamburg zu Hause, und in München bildete sich rund um BMG (Bertelsmann Music Group) und das Label Ariola eine rege Independent-Szene. Berlin war zu dieser Zeit noch geteilt und von der DDR umgeben. Nur in Frankfurt mit CBS/Sony Music, in Stuttgart mit Intercord und in Köln mit EMI waren weitere Major-Companies im Land vertreten.

„*Die Zeit bei der Phonogram Hamburg war die beste, die ich jemals mit einer Plattenfirma erlebt habe. Ich habe es geliebt, nach Hamburg zu fliegen, die Leute dort zu treffen, mit ihnen zu arbeiten. Es war ein wirklich gutes Team, und die ersten drei Alben waren entsprechend erfolgreich. Ich kann sagen, Hamburg hat mir großes Glück gebracht*“, sagt Peter Cornelius, und in der Tat war er zu dieser Zeit mit zwei Alben und zwei Singles gleichzeitig in den deutschen Charts.

Jahrzehnte später war Cornelius zu Gast in der RTL-Sendung „Die ultimative Chartshow“, Thema: „Die größten Singer-Songwriter aller Zeiten“. Und in diesem Zusammenhang stellte sich nicht nur heraus, dass er der erfolgreichste österreichische Singer-Songwriter in Deutschland ist, sondern auch, dass er im Ranking knapp vor Bob Dylan liegt. *„Ulrike hat bei der Sendung direkt neben einem der Regie-Monitore gestanden und konnte dabei einen Blick auf die Wertung werfen. Und später hat sie mir gesagt, dass Bob Dylan hinter mir lag. Ganz ehrlich: Das hat nicht in mein Weltbild gepasst. Dylan hinter mir? Ich war fassungslos, ich bin geradezu erschrocken, dass ich eines meiner Idole, Bob Dylan, im Ranking überholt habe.“*

Für Phonogram spielte Peter Cornelius insgesamt vier Alben ein: *Der Kaffee ist fertig* (1980), *Zwei* (1980, mit „Du entschuldige – i kenn di“), *Reif für die Insel* (1981) und *Bevor i geh* (1982).

Das letzte Album trug einen Titel, der so etwas wie eine Vorahnung war und darauf hinwies, dass sich einiges ändern würde. Es hieß zuerst übrigens *Ohne Filter.* Da aber eine andere Plattenfirma diesen Albumtitel für sich beanspruchte, benannte die Phonogram es kurzerhand in *Bevor i geh* um. Doch das Album stand zu diesem Zeitpunkt bereits mit dem Titel „Ohne Filter“ in den Läden, und die ausgelieferten Platten konnten nicht mehr vollständig zurückgeholt werden, weil einige bereits verkauft waren. Somit hält jeder Besitzer des Vinylalbums *Ohne Filter* eine echte und kostbare Rarität in Händen.

In Plattenfirmen ging es immer schon zu wie in einem Taubenschlag. Es gab ein ständiges Kommen und Gehen der Mitarbeiter. Was zählt, ist die Nase für den Hit. Die A&R-Manager sind diejenigen, die den Treibstoff für die Marketingabteilung liefern. Das A steht für Artist, also Künstler, das R für Repertoire. A&Rs sind die Trüffelhunde der Musikwirtschaft. Suchen. Entdecken. Den Song, das Album produzieren und bis zur Veröffentlichung soweit an den Start bringen, dass die Marketing-, die Promotionabteilung und auch der Vertrieb damit den Markt vorbereiten können. A&Rs sind Produktentwickler, und ein guter A&R ist in der Branche eine heiße Aktie. Oft genug haben sich einstige A&Rs bis hinauf in die Geschäftsführerposition gearbeitet. Verlässt der A&R das Unternehmen, übernimmt der oder die Nächste, baut sich einen neuen Künstlerstamm auf. Nicht selten geht solchen Entwicklungen ein Grabenkampf auf Managerebene innerhalb der Company voraus. Für die Künstlerinnen und Künstler verheißt das im Allgemeinen nichts Gutes. Menschen, mit denen man gut zusammengearbeitet und an einem Strang gezogen hat, haben die Firma verlassen. Der oder die Neue hat selten einen ähnlichen Zugang zum Thema. Von der menschlichen Seite ganz zu schweigen.

An dieser Stelle erlaube ich mir einen kurzen Zeitsprung ins Heute. A&R ist Arbeit für und von Menschen. Ziel der Musikwirtschaft ist es, Profit zu machen. Was auch sonst. Durch den kompletten Wandel zur Digitalära wird sich, so wie es aussieht, auch der Job des A&R gründlich ändern. Vom Menschen zum Algorithmus. Solche Überlegungen gibt es in der Branche bereits, und sie kommen nicht von ungefähr. Bereits Ende der Neunzigerjahre gab es in Deutschland Wissenschaftler, die behaupteten, sie wären in der Lage, einen sicheren Hit am Reißbrett erschaffen zu können. Das hat damals in der Musikindustrie – ja, es war tatsächlich noch eine Industrie, denn die Herstellung von physischen Tonträgern ist Industriearbeit – niemand wirklich ernst genommen. Heute schaut die Sache schon ganz anders aus. Daten sind das neue Gold, und jeder Download, jeder Stream, jeder Klick wird gemessen. Einmal übers Netz in einen Song reinhören, und schon beginnen die Rechner ihre Arbeit. Jene Songs, die am häufigsten angeklickt werden, kommen in die Tiefenanalyse. Nicht von Menschen, von Maschinen. Werden also in Zukunft Algorithmen Demosongs analysieren und auf ihr Hitpotenzial abklopfen? Ich möchte darauf wetten. Also eine schöne neue Welt für Musikfans? Wer sich damit zufriedengibt, ist gut bedient. Doch all jene, die auf Individualität stehen, die gerne Neues hören möchten, werden das Nachsehen haben oder ganz tief in Nischen eintauchen müssen, um zu finden, was sie suchen.

Um aber wieder auf die Karriere von Peter Cornelius zurückzukommen: Man darf froh sein, dass diese technische Entwicklung sich erst heute breitmacht. Wie so ein Algorithmus wohl auf Zeilen wie „Wann i oft a bissl ins Narrenkastl schau" reagiert hätte? Vermutlich nicht so, wie es die Fans getan haben. Es wäre ewig schade gewesen! Und so bleiben wir thematisch hier doch lieber in der vordigitalen Zeit.

Es hat für Cornelius eine Zeit gedauert, bis er im fernen Wien mitbekommen hat, dass in Hamburg etwas in Schieflage gerät. Dort stellte man company-intern die Frage, ob Peter Cornelius nun ein Phonogram-Künstler oder ein Sauermann-Künstler sei. Diese Frage mag für Außenstehende unmaßgeblich sein, für Insider ist sie jedoch mehr als bedeutend. Denn Jürgen Sauermann war der innerhalb der Phonogram Verantwortliche für die Produktionen von Cornelius, und diese internen Grabenkämpfe belasteten das Klima. Dazu kam eine neue Geschäftsführung, was Verschiebungen im Organigramm zur Folge hatte. *„Damit war* *es dort für mich leider vorbei*", sagt Peter Cornelius. „*Ich wäre gerne geblieben – mein geliebtes Hamburg. Aber wenn das mit der Phonogram in Zukunft eine unsichere Zusammenarbeit werden sollte und ich durch einen neuen, langfristigen Vertrag eventuell gebunden gewesen wäre und es mit Leuten zu tun gehabt hätte, die sich dort untereinander nicht mehr vertragen, was dann? Ich wollte mir selbst nicht vorwerfen müssen, mir sehenden Auges mein eigenes Grab geschaufelt zu haben und habe deshalb schweren Herzens die Konsequenzen gezogen.*" 1983 wechselte Peter Cornelius zur BMG auf das Label Ariola.

Die Bertelsmann Music Group unter der Führung des legendären Plattenchefs Egmont „Monti" Lüftner war, wie die Polygram-Gruppe, ebenfalls ein großer Player am Markt. Friedel Schmidt, Mitglied der Geschäftsleitung der Ariola, bot Peter Cornelius einen längerfristigen Vertrag an, den dieser unterzeichnete. München ist Wien näher als Hamburg, und auch die bayrische Mentalität ist jener der österreichischen näher als die norddeutsche. Dazu kam, dass sich auch Michael Cretu Richtung München orientierte, und so bezogen beide je eine Doppelhaus-Hälfte in Ottobrunn im Grüngürtel der bayrischen Hauptstadt.

Das erste Album für Ariola war *Fata Morgana*. Es erschien 1983 und hielt sich viele Wochen lang in den deutschen Albumcharts.

In ihren Haushälften in München richteten sich Cretu und Cornelius, jeder für sich, ein Tonstudio ein. So war individuelles Arbeiten möglich. Es mussten keine Studiostunden irgendwo gebucht werden, und die Aufnahmeregler konnten – ohne Gefahr, von anderen verstellt zu werden – in ihren Einstellungen am Pult stehen bleiben. Heute werden die letzten Einstellungen im System abgespeichert und können jederzeit wieder abgerufen werden. Doch wenn damals irrtümlich jemand an den Potis drehte, kam das einer mittleren Katastrophe gleich.

Süchtig

In Cornelius' Studio entstand *Süchtig,* erschienen 1984. Die LP war in Österreich überaus erfolgreich und 34 Wochen lang nicht aus der Hitparade zu verdrängen. Darauf befanden sich auch zwei Songs, die bis heute unverwüstlich sind: „Süchtig" und „Segel im Wind". Bei dem Song „Segel im Wind" hat Michael Cretu ganz entscheidend mitgewirkt. *„Er hat ‚Segel im Wind' mit mir produziert und hat dem Titel die letztendliche Erscheinungsform gegeben. Die Modernität des Arrangements habe ich allein Michael zu verdanken. Er sagte: ‚Die Nummer ist so gut, die verscheißt du mir nicht mit einem ganz normalen Gitarrenarrangement.'"*

Zum Umzug nach München sagt Peter Cornelius: *„Ich bin von Natur aus kein Businesstyp, kein manischer Checker. Und im Nachhinein gesehen war nach München zu ziehen, um ständig überall mitmischen zu können, eher ein Schlag ins Wasser, weil das eben nicht meine Natur ist, es kaum erwarten zu können, ständig überall mitzureden. Die Plattenfirma hat sich natürlich um vieles gekümmert, und ich war schon sehr froh, nicht immer von Wien aus anreisen zu müssen."*

Die Zeit in München war überaus arbeitsam und hochkreativ. Im eigenen Studio sind viele Layouts und Songs entstanden. Die Nachbarschaft zu Michael Cretu tat zusätzlich gut. *„Wir hatten beide 24-Spur-Recorder und sind mit den 2-Zoll-Bändern einer zum anderen gegangen, es war ein pa-*

radiesischer Komfort. Es musste kein Studiotermin gebucht werden, und einer war für den anderen da“, sagt Cornelius, der seine Bindung an Wien allerdings auch in dieser Zeit nie einschlafen ließ. Im Gegenteil: Er kaufte in Hietzing eine kleine Wohnung und eröffnete in der Innenstadt, am Karlsplatz, sein eigenes Lokal: die Insel. Geführt wurde es von einem sehr guten, langjährigen Freund. Nein, Cornelius wollte nicht Gastronom werden, diesen Wunsch hatte er nie. Es ging ihm vielmehr darum, dass er, wenn er nach Wien kam, seine eigene Insel hatte, auf der er alle seine Freunde vorfand. „*Es war eine reine Schnapsidee, eigentlich ein Blödsinn, aber ich habe mir das damals eingebildet*“, sagt er im Rückblick. „*In Wahrheit wollte ich so den Stress, den ich in München hatte, abbauen. Es war ein wahnsinnig intensiver Lebensabschnitt.*“ Mit dem Auto kam er aus München angefahren, parkte in Hietzing, und dann ging es per Taxi direkt ins Lokal. Dort ging es rund, und Alkohol spielte auch immer eine Rolle – oft eine sehr große.

Mit Ariola lief es bis ins Jahr 1987 gut. Cornelius fühlte sich gut aufgehoben, die Platten waren alle erfolgreich, und auch im Privatleben hatte sich Entscheidendes getan. Ulrike war seit einem Jahr ein bedeutender Teil seines Lebens.

Nicht geändert hatte sich hingegen der Druck aus der Industrie. Statt weniger wurde er mehr, und zum ersten Mal machten sich bei Peter Cornelius deutlich Zeichen einer Überarbeitung, einer Erschöpfung breit.

Zigaretten halfen, den Stress zu ertragen, und es waren viele. Die eine brannte noch im Aschenbecher, da folgte schon der Griff zur nächsten. Das Belohnungszentrum im Hirn wurde gefüttert. Rauchen war ganz bestimmt nicht das, was er

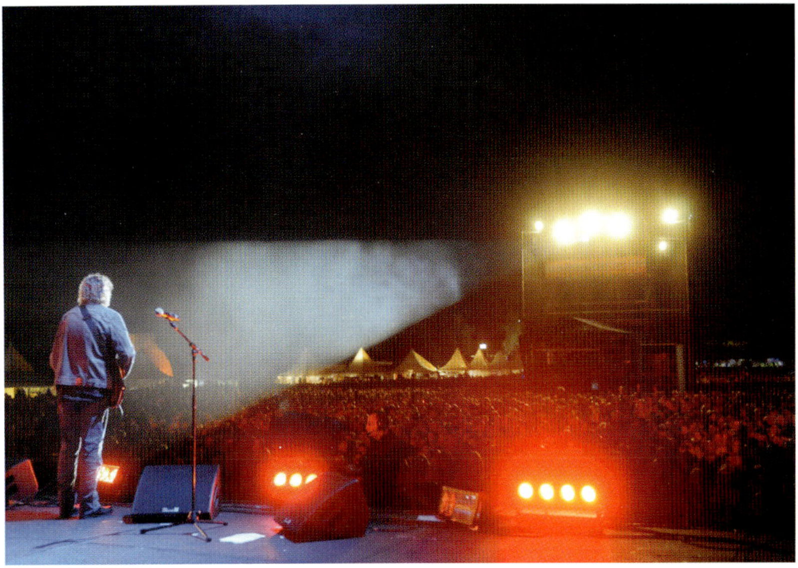

Wie im Juni 2005 auch 2011 – Konzert vor über 100.000 Menschen am Donauinselfest

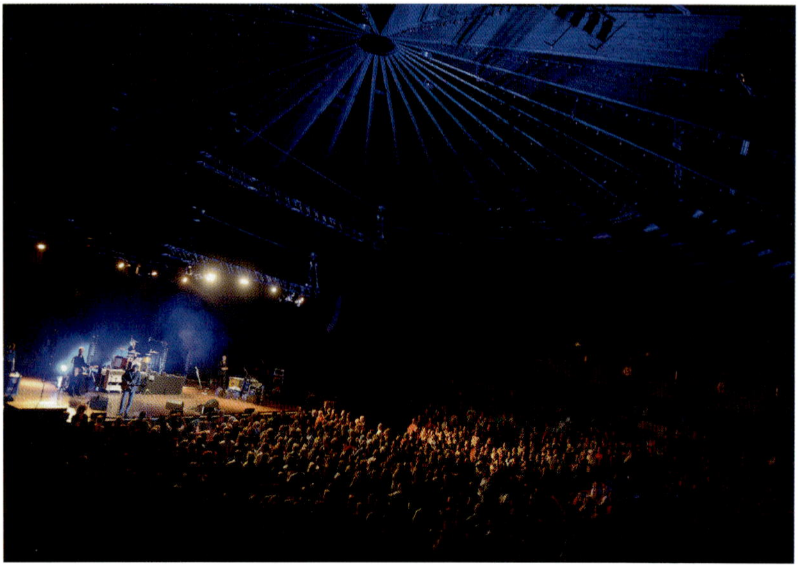

Konzert mit Band im Circus-Krone-Bau in München, 2015

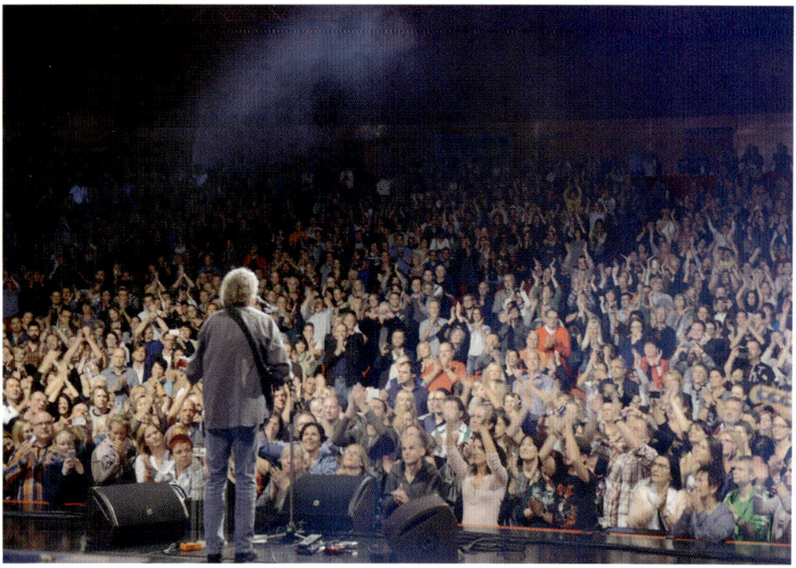

Standing Ovations in der Wiener Stadthalle, 2015

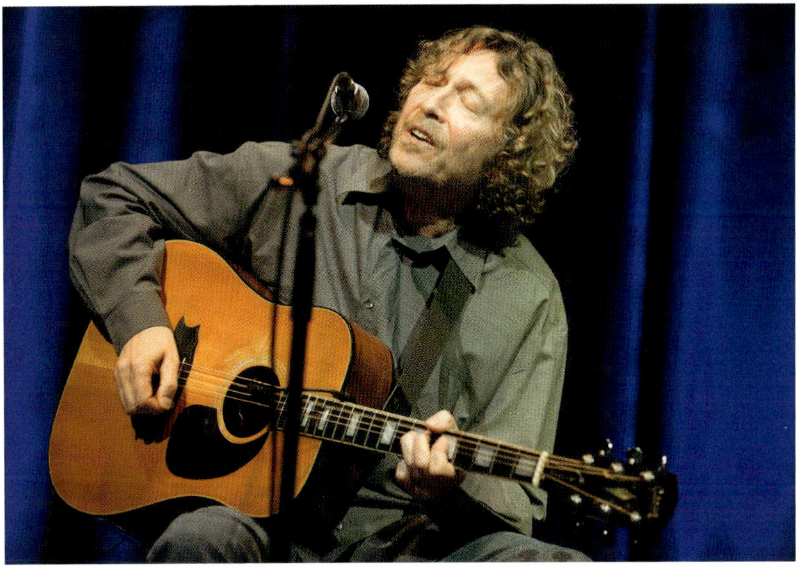

Solokonzert im Großen Saal des Wiener Konzerthauses, 2010

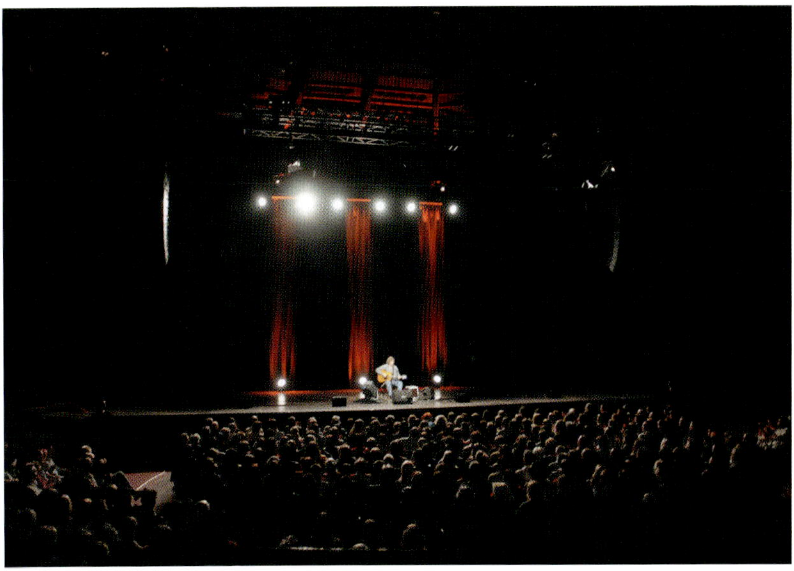

Circus-Krone-Bau in München – 2011 zum ersten Mal ein Solokonzert von Cornelius in diesem Gebäude, das mittlerweile längst Kultstatus erlangt hat

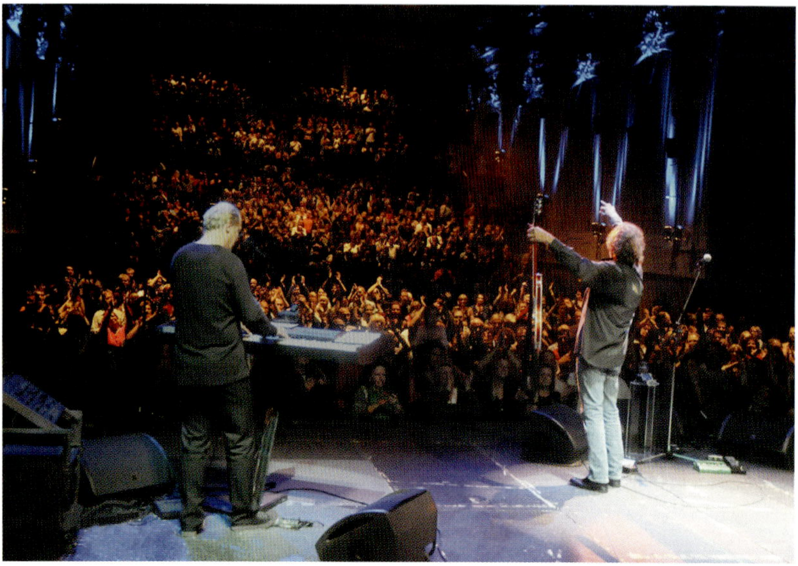

Cornelius verabschiedet sich am Ende seiner Konzerte immer mit den Worten „... bis irgendwann in diesem Leben" – eine Abwandlung der Titelzeile seines Songs „Irgendwann im nächsten Leben".

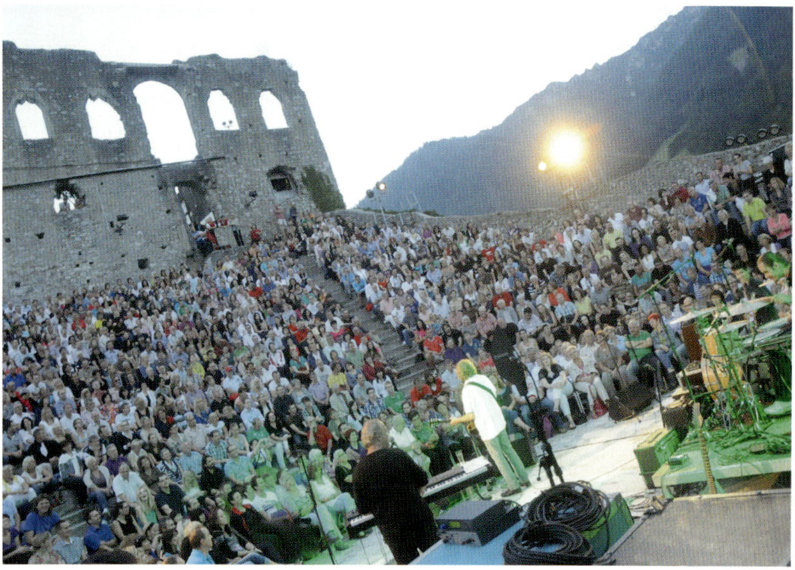

2012 – eines der vielen Konzerte in der Burgarena Finkenstein

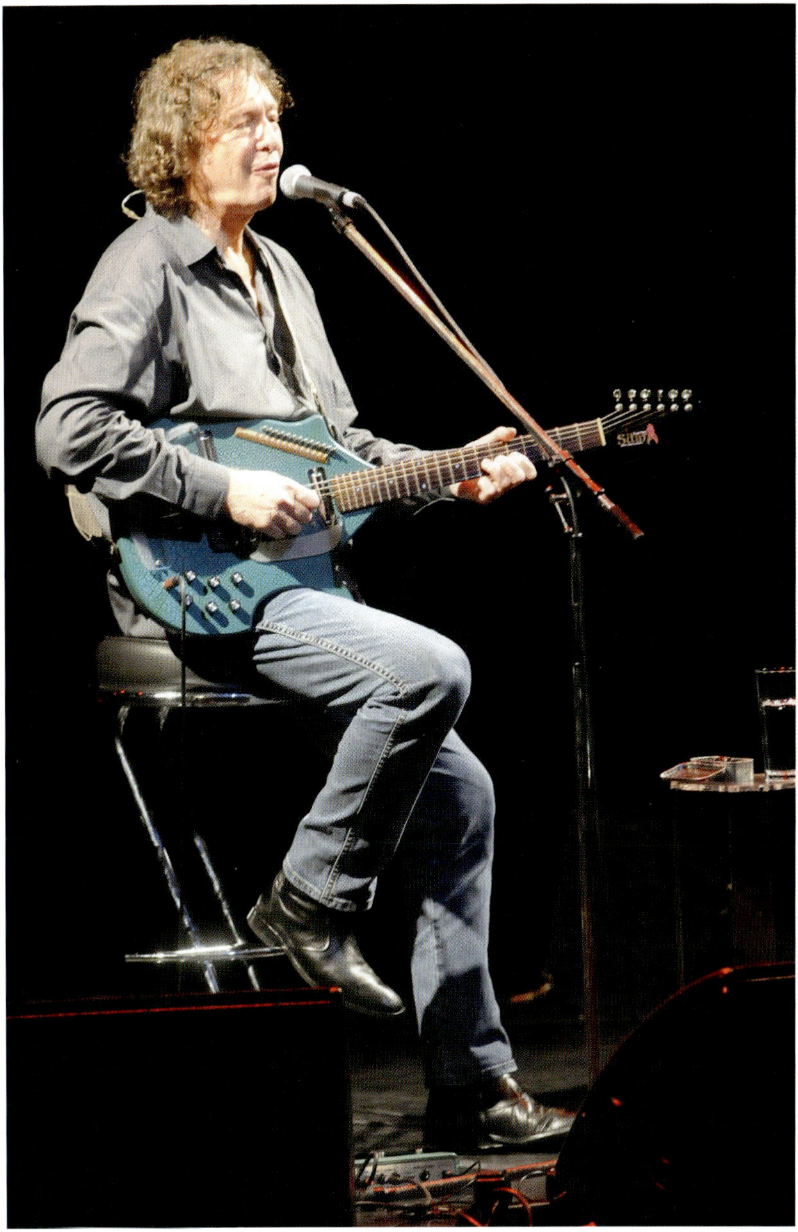

Die Sitar Guitar – speziell beim Song „Schau wie sich Menschen ändern" spielt sie eine große Rolle für den indischen Sixties-Sound.

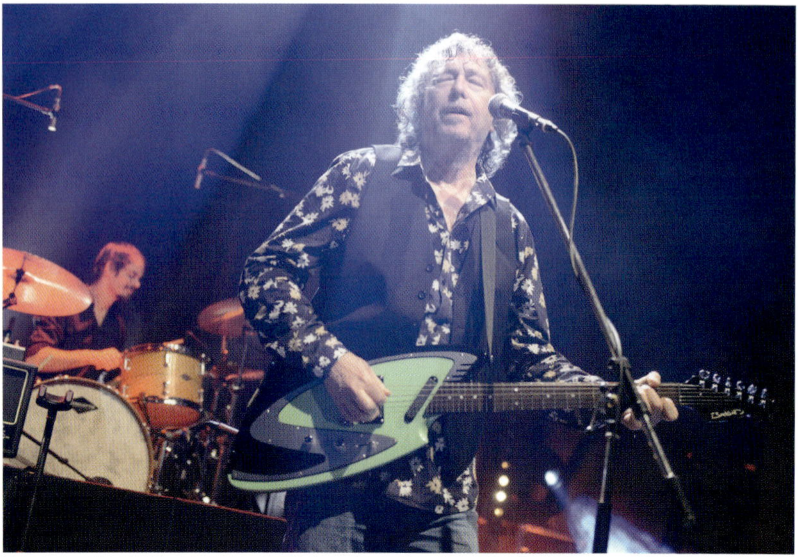

Die Gitarren, die Cornelius bei seinen Band-Konzerten spielt:
die Backlund bei „Reif für die Insel" ...

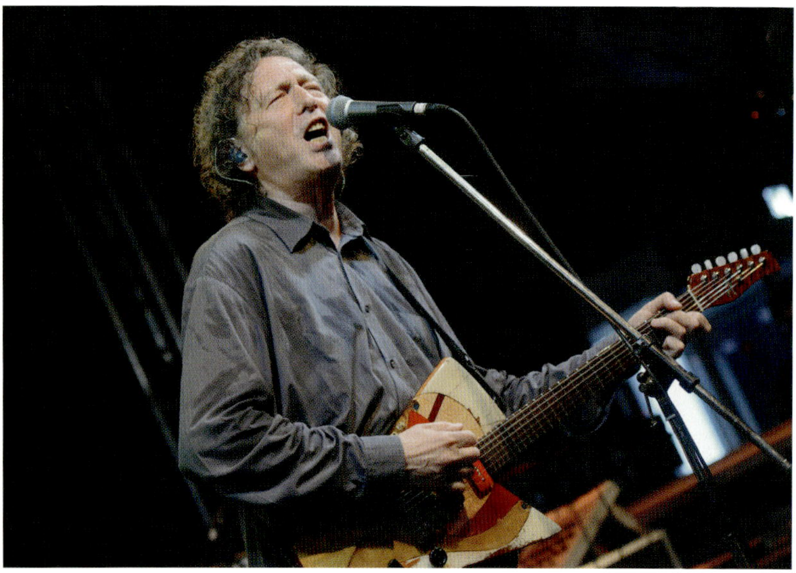

... die Spalt ...

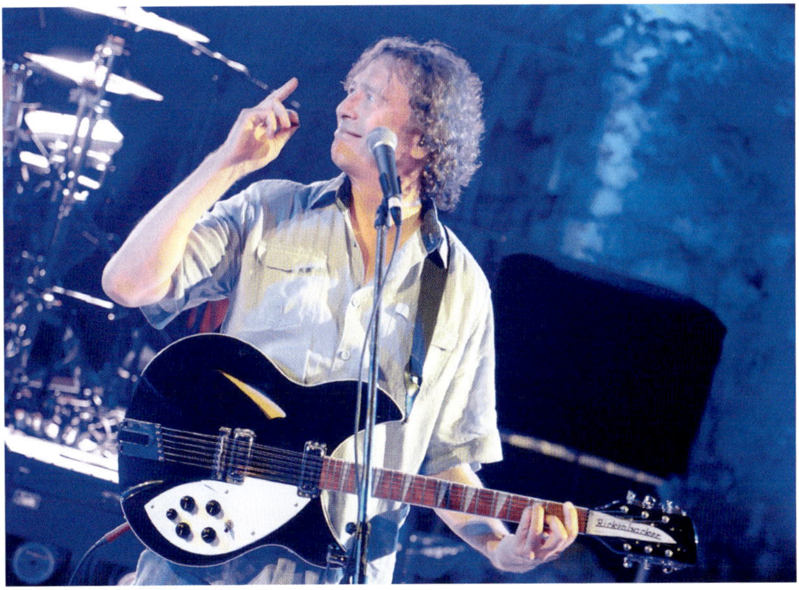

… die schwarze 12-saitige Rickenbacker …

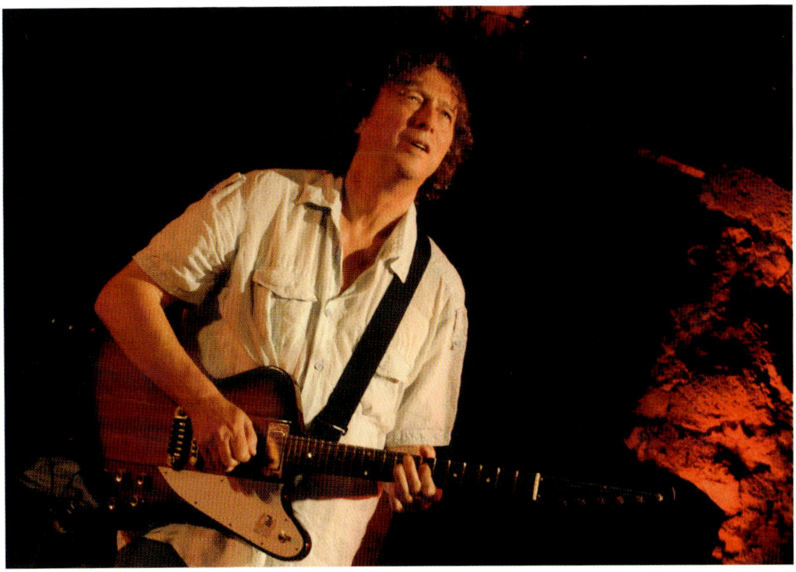

… und die „Ganz Wien hat den Blues"-Gibson Firebird

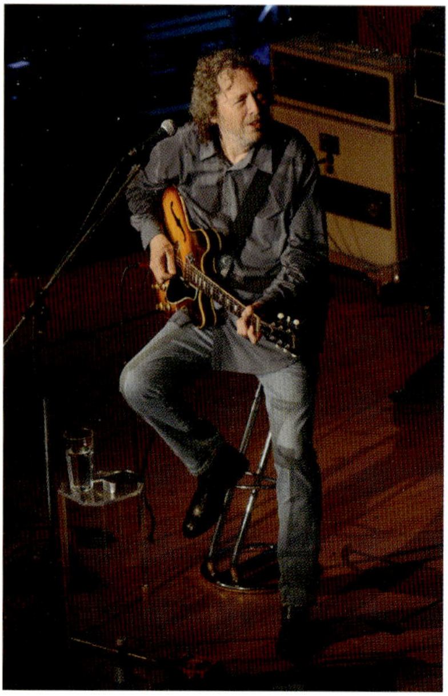

Cornelius mit seinen Gibson 330ern –
seine Lieblings-330er –, die Nummer 1 …

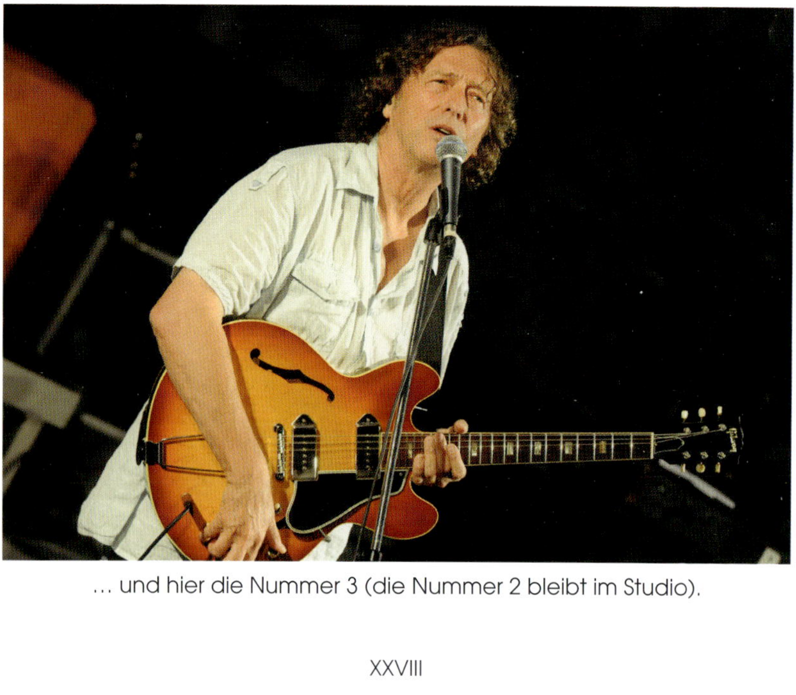

… und hier die Nummer 3 (die Nummer 2 bleibt im Studio).

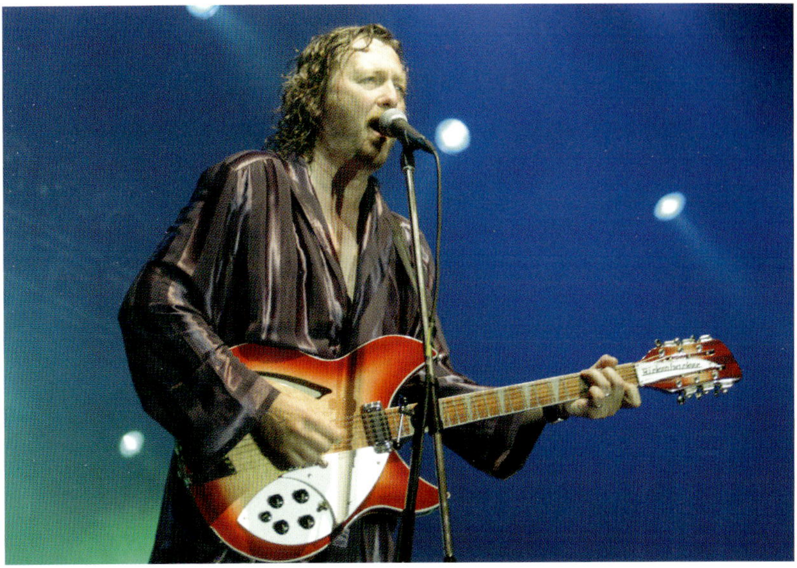

Die rote 12-saitige Rickenbacker kommt immer am Ende eines Konzerts zum Einsatz.

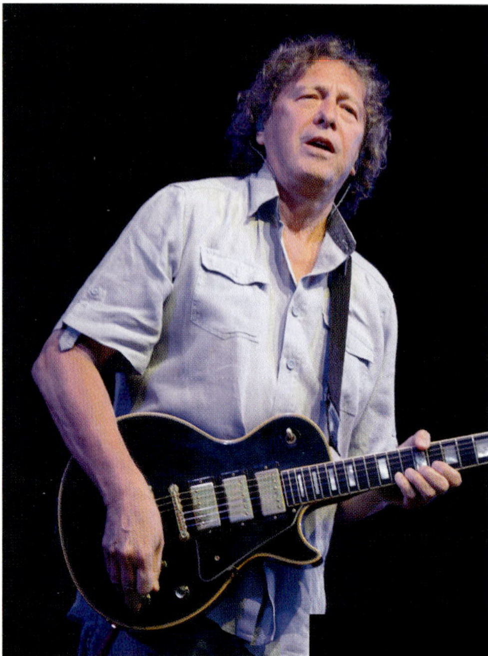

Die Paula bei „Wenn der Wind zum Sturm wird" …

… und die Gretsch

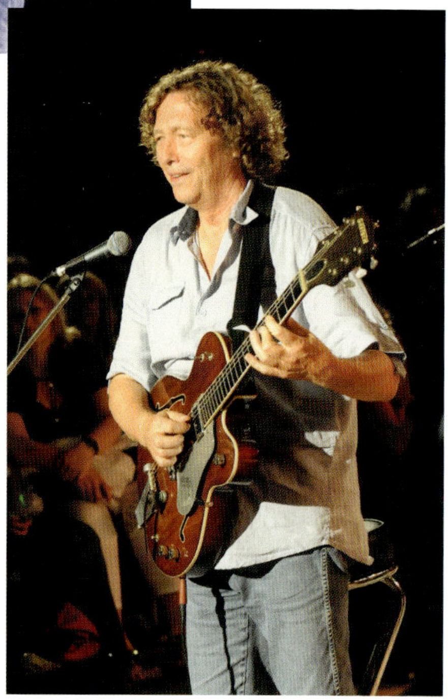

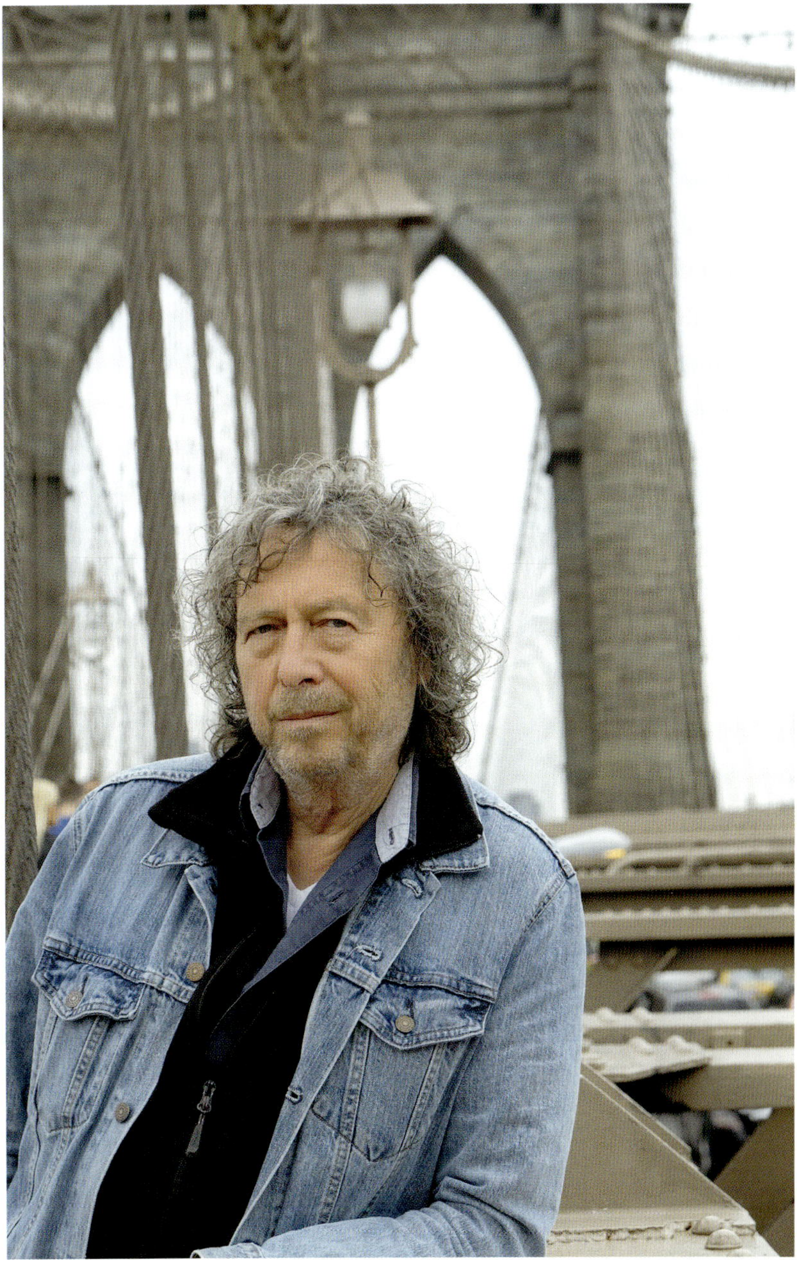
Die Brooklyn Bridge in New York – für Cornelius die Mutter aller Brücken

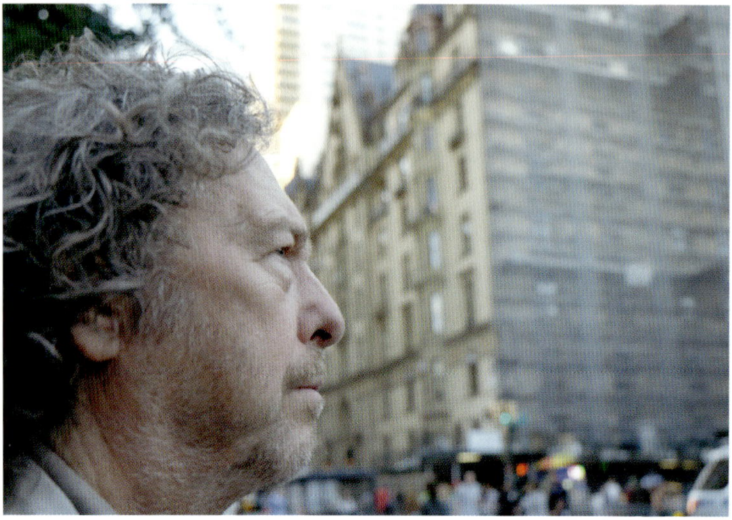

Cornelius 2016 vor dem Dakota Building, in dem John Lennon seine letzten Lebensjahre verbrachte und vor dem er ermordet wurde

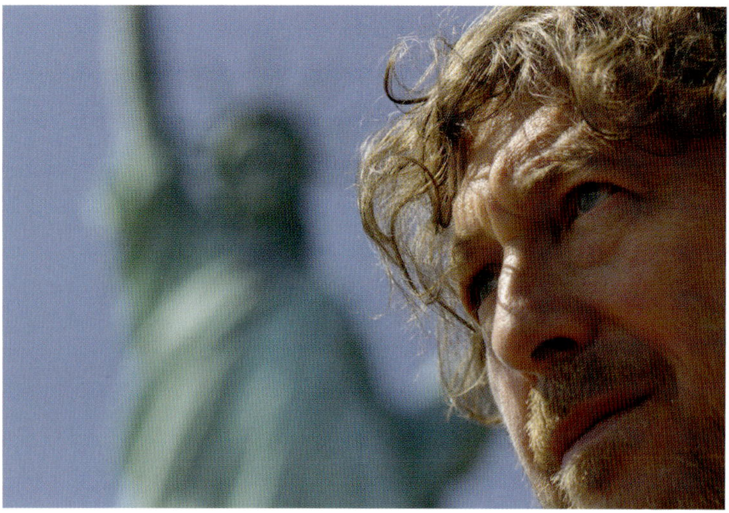

2009 vor der Freiheitsstatue – das Denkmal war ein Geschenk der Franzosen an die Amerikaner zur Erinnerung an ihre Unabhängigkeit.

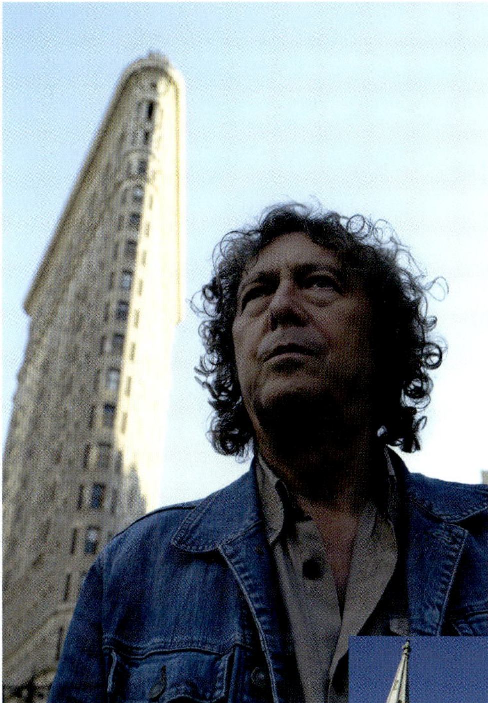

Cornelius 2015 vor dem Flatiron Building in New York – dieses Gebäude sah er als Kind auf einem Foto und ist bis heute davon fasziniert.

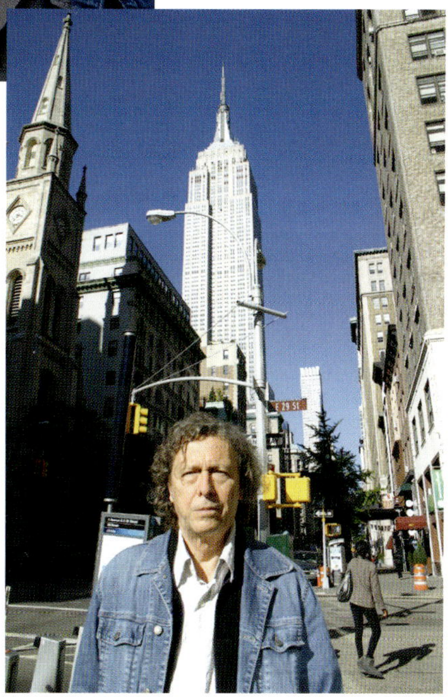

Das Empire State Building – für ihn der charismatischste Wolkenkratzer der Welt

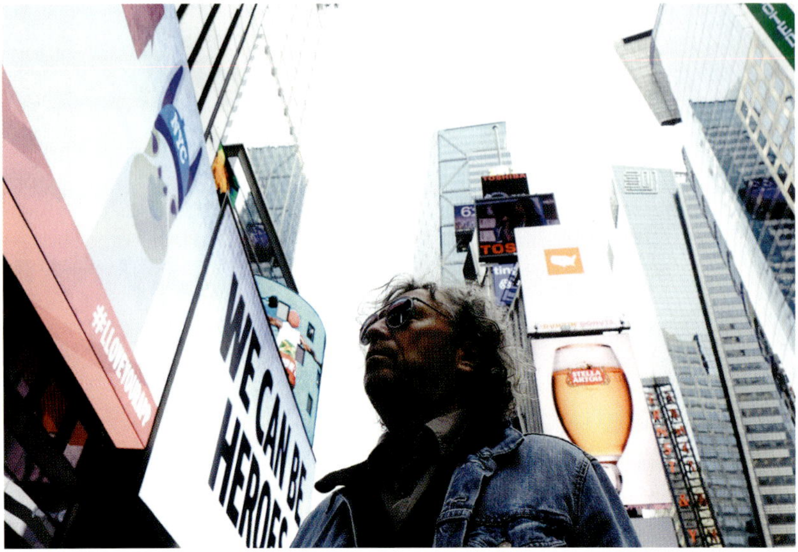

Der Times Square 2017 – für Cornelius ist hier die sogenannte Zivilisation auf eine fragwürdige Spitze getrieben worden.

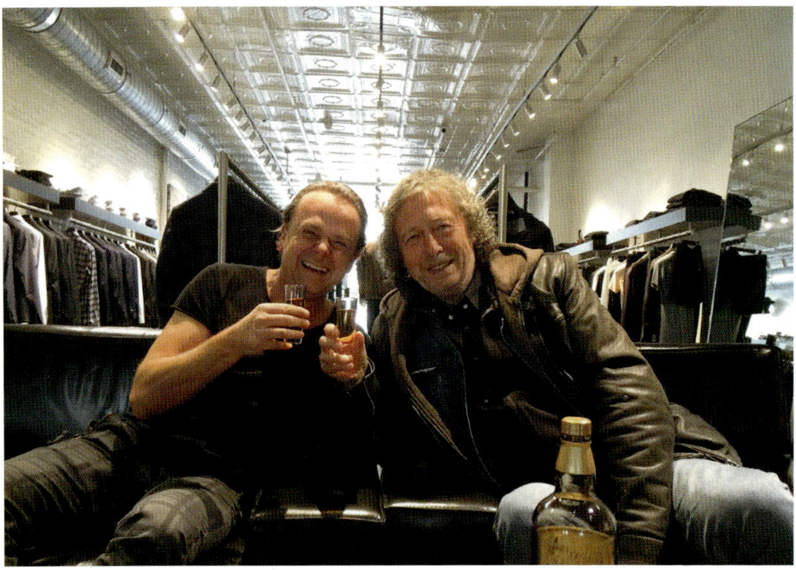

Christian Eigner, Drummer von Depeche Mode, und Peter Cornelius 2018 – sie treffen sich immer wieder mal in New York, so wie hier an einem *day off* von Christian Eigner.

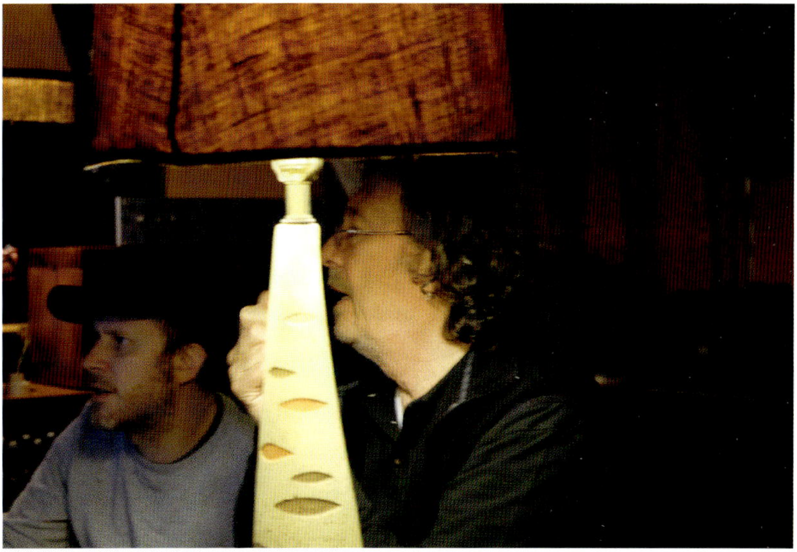

Im Studio in New York 2018 –
Uri Djemal ist seit der ersten
Produktion vor vielen Jahren
Cornelius' Toningenieur.

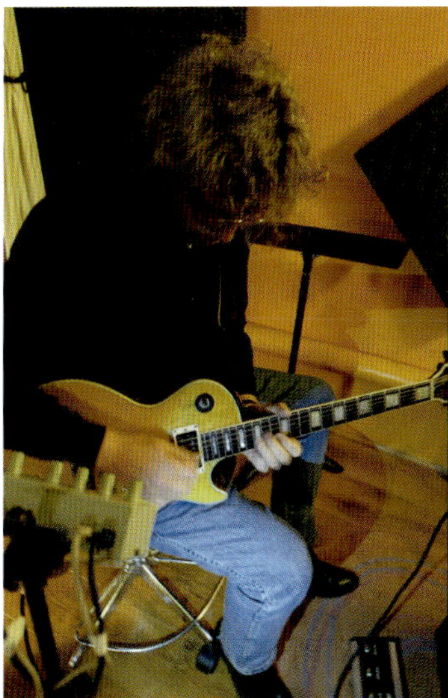

Cornelius beim Gitarre Einspielen …

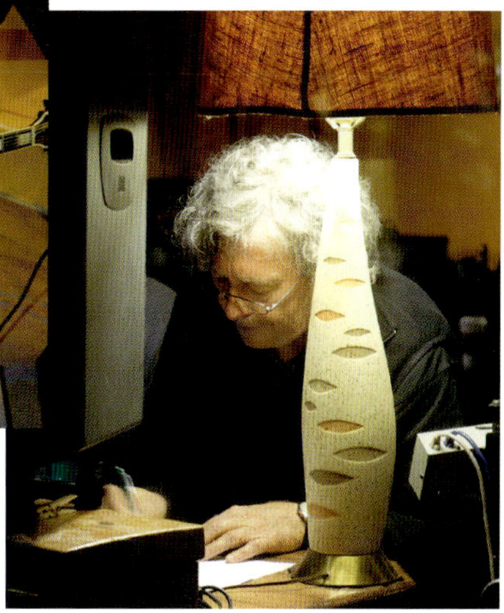

… und beim Texten
im Studio in New York

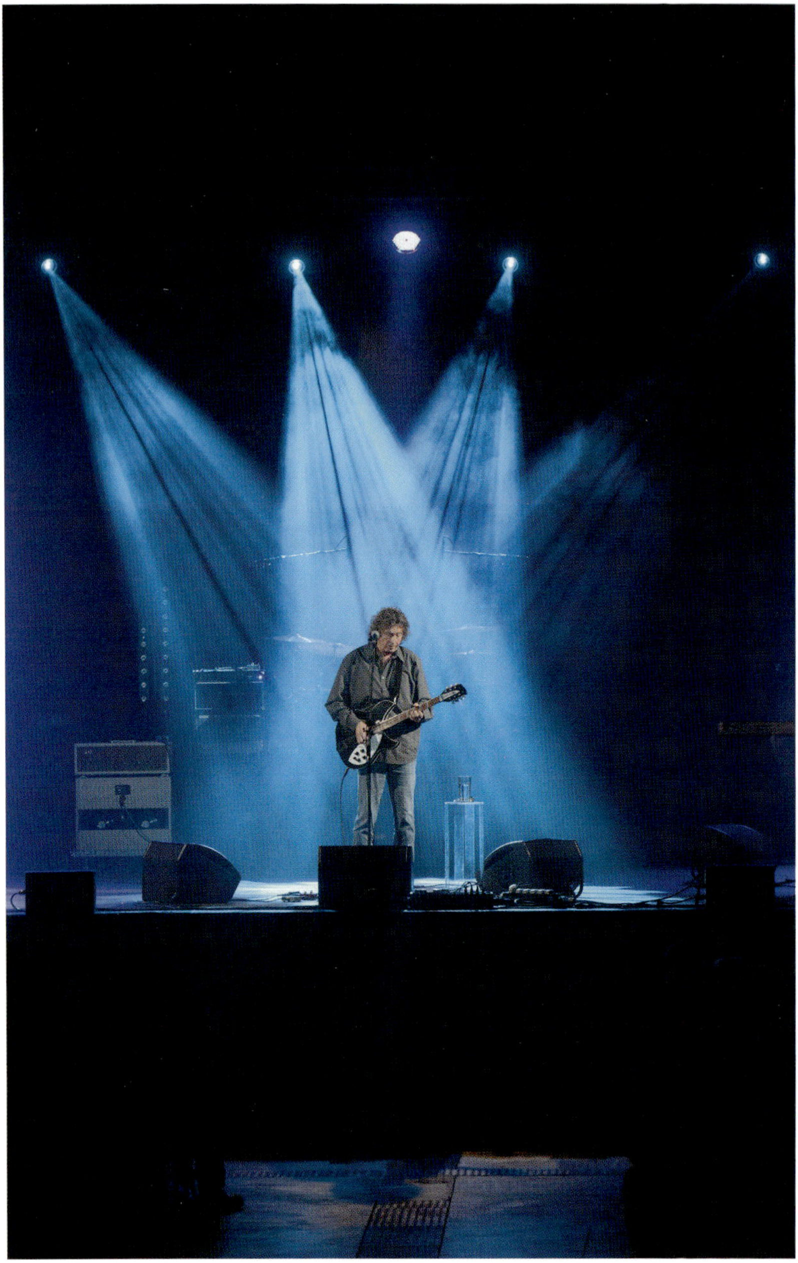

2017

seinem Körper antun sollte. Nach seiner Lungenkrankheit samt sechsmonatigem Klinikaufenthalt, die er als 18-Jähriger überstanden hatte, fuhr jede Marlboro ein wie ein Torpedo. In der einen Hand die Zigarette, in der anderen den Asthmaspray – so lief das bei Cornelius. Er versank in seiner kreativen Arbeit und zog sich eine Zigarette nach der anderen rein.

Mit dem Rauchen hatte es schleichend begonnen. Als Jugendlicher hatte er hin und wieder eine geraucht. Unten am Bach. Heimlich. Wenn man den Rauch tief inhalierte, drehte sich alles. Später, wenn er mit den Bands unterwegs war, hat er in den Probepausen hin und wieder einen Zug bei einem Freund geschnorrt, aber es war noch lange nicht der ständige Griff zur Schachtel. Irgendwann hat er dann seine erste Packung gekauft, und es wurden mehr und mehr, viele. Erst zur Jahrtausendwende hat er es geschafft, vom Nikotin loszukommen. Nach drei Versuchen hat es endlich funktioniert, und heute ist er völlig von dieser Sucht befreit. Keine Zigaretten mehr – da jubelt der Körper und sammelt stattdessen Kilos. Auch diese Erfahrung musste er machen, und es war schwer genug, sie wieder loszuwerden. Doch auch das gelang ihm.

Alkohol hat in der Münchner Zeit auch eine Rolle gespielt. Da gab es die Whisky-Phase, und es gibt die Leidenschaft für Rotwein. Echte Rotwein-Liebhaber sollten diesen Abschnitt jetzt überspringen, und wenn nicht, dann zumindest Verständnis dafür zeigen, dass es sich Cornelius zur Gewohnheit gemacht hat, den Wein aus der Flasche zu trinken. Kork raus, ein paar Schlucke nehmen, Kork wieder rein. Klingt barbarisch, hat aber einen nachvollziehbaren Grund. Peter Cornelius hat sich das dem Studioequipment zuliebe angewöhnt.

„Rotwein im Glas, und das im Studio, geht nicht. Gläser fallen um, der Wein rinnt beispielsweise ins Mischpult. Ist alles schon vorgekommen und daher als Sicherheitsmaßnahme der Schluck aus der Flasche und dann den Korken wieder rein.“ Er selbst bezeichnet sich als *„phasenweisen Wirkungstrinker“*, das heißt, der rote Wein ist die Belohnung, die er sich gönnt. Nach dem Konzert, vor den Zugaben, steht da schon die Flasche. Nur ein paar Schlucke, nicht viel mehr, sonst kommt die Müdigkeit. Dass es nicht möglich ist, sich den Stress „wegzutrinken“, weiß er seit der Münchner Zeit. Das funktioniert einfach nicht. Auch andere Substanzen sind dazu auf Dauer nicht geeignet. Wirklich harter Stoff, zum Beispiel Opiate, war nie dabei, darum hat er immer einen großen Bogen gemacht, *„wie um eine zornige Königskobra, die nur darauf wartet zuzubeißen“*. Und auch mit den etwas leichteren Substanzen ist es über ein „hin und wieder“ nicht hinausgegangen. Rauchen und Alkohol hingegen waren damals tägliche Begleiter. Heute ist das anders. Der Schluck Rotwein wird nicht verteufelt, nur Glas braucht es dazu keines.

Und noch etwas klopfte während der Münchner Zeit in immer kürzer werdenden Abständen bei Cornelius an. Dreißig Jahre später wird er über die Depression ein Lied schreiben: „Wenn der Blues zu Besuch ist“. Dazu sagt er: *„Ich bin oft ziemlich ausgelaugt von TV- und Interviewterminen nach München zurückgekommen, und im ersten Telefonat, das ich von zu Hause aus führte, stellte man mir oft zuallererst die Frage: ‚Wie viel hast du schon fürs neue Album? Wie weit bist du denn schon?‘ Wie es halt so ist auf der Welt – Teile meines Umfelds hätten mich gerne in eine Komponier-Textier-Arrangier-Gitarrier-Produzier-Maschine verwandelt.“*

Es war die Münchner Phase von 1985 bis 1988, in der bei ihm der finstere Blues heftig eingeschlagen hat. *„Da ist etwas in mir, das agiert, wie es will"*, musste er erkennen, und das alles einfach wegzudrücken, war unmöglich. Es gab Phasen, da konnte er seine Instrumente nicht einmal anfassen. Statt im Studio aufnehmen zu müssen, wäre er viel lieber an einen See gefahren, um einfach nur Enten zu füttern – das muss man sich einmal vorstellen! Ein Arzt des Vertrauens in München wurde hinzugezogen und half, so gut es ging, verschrieb Medikamente, half mit Gesprächen. *„Er gab mir alles, wofür er gerade noch nicht seine medizinische Approbation verliert. Ich war nicht reif für die Insel, ich war reif fürs Irrenhaus"*, sagt Peter Cornelius heute. *„Ich konnte einfach nicht mehr, war ausgebrannt wie eine Feststoffrakete. Hochgeschossen, und dann war der Treibstoff zu Ende und der Absturz unvermeidlich."* Burn-out. Klingt harmlos, ist es aber nicht. *„Der Begriff verwandelte sich schon damals in einen Modebegriff, von dem man glaubte, dass man es gehabt haben muss, um zu den Wichtigen, zu den unter ihrem Erfolg Leidenden, zu gehören. In Wirklichkeit ist es aber ein ernsthaftes medizinisches und psychologisches Problem. Und ich war überrascht, wie grauenhaft es sich anfühlte."* In Erinnerung daran schrieb er später auf dem Album *Handschrift* den Titel „Burn-out-Syndrom".

Doch durch diese Phase musste Peter Cornelius sich durchkämpfen. Erschwerend kam noch hinzu, dass sein Vertragsverhältnis sich erneut änderte.

Cornelius betrat das Büro der Ariola in München. Ging durch die vertraute Eingangshalle, dann am Empfang vorbei und hinauf zu den Büros, wo die Abteilung für „Nationales

Produkt" zu finden ist. Den Gang entlang und links davon standen die Türen offen. Wo normalerweise emsiges Treiben herrschte, nur gähnende Leere. Keiner da? Doch, da war noch wer, eine einzige Mitarbeiterin der Promotion-Abteilung saß an ihrem Schreibtisch. Wieder hatte es tektonische Verwerfungen im Konzerngefüge gegeben. Es waren die Achtzigerjahre, auch für die und in der Musikwirtschaft eine turbulente Zeit. 1982 wurde die CD im Markt eingeführt, und in den Jahren 1984 bis 1990 setzte der Systemwechsel ein. Vinyl verlor in Jahresschritten deutlich, und die CD legte erst am Übergang zu den Neunzigerjahren richtig zu. Heute weiß man, dass ein Vielfaches des Umsatzes, der mit CDs erreicht wurde, aus Nachziehkäufen stammt. Sprich: Die Musikkäufer haben ihre alten Vinylaufnahmen durch die digitalen Silberscheiben ersetzt und so für entsprechende Umsätze gesorgt. Mitte der Achtzigerjahre war die wirtschaftliche Situation der Industrie daher eher durchwachsen, und so kam es innerhalb der Branche immer wieder zu Restrukturierungsmaßnahmen, die sich als Erstes durch verwaiste Büros bemerkbar machten. So auch bei BMG und dem Label Ariola.

Turbulenzen

1986 erschien das Album *Gegen den Strom,* im Jahr darauf *Cornelius '87.* Es wird das letzte im Rahmen der Zusammenarbeit mit Ariola sein. Am Cover hält sich Cornelius eine Wasserpistole an die Schläfe. Eine Insider-Geste an die Branche? Die Antwort blieb vorerst offen und wurde erst Jahre später, mit der Gründung des ersten eigenen Labels, gegeben. Name des Labels: Masterfader Records. Einige Jahre später folgte sein zweites Label Reif für die Insel.

Unmittelbar nach Veröffentlichung von *Cornelius '87* stellte Ariola auf Wunsch des Künstlers keine weiteren vertraglichen Ansprüche mehr. *„Das war ein großes Entgegenkommen von Friedel Schmidt, denn es war ja praktisch niemand mehr da, der für meine Musik hätte arbeiten können. Er war sehr fair zu mir und legte mir keine Steine in den Weg*", sagt Peter Cornelius, der zuvor einen Anruf des bekannten deutschen Musikmanagers Thomas Stein erhalten hatte. Stein und Cornelius kannten sich. Die Musikbranche war, speziell zwischen den Siebziger- und Neunzigerjahren, also vor dem Einzug der Digitaltechnik, ein großes Dorf, wo sich alle relevanten Player untereinander kannten. Verträge, Künstler, Songs – ein pulsierender Marktplatz. Wer das bessere Angebot legte, bekam den Zuschlag. Eine Schlüsselfunktion fiel dabei dem Branchenmagazin *Der Musikmarkt* zu. Gegründet 1959 und eingestellt 2016, war das Blatt das wichtigste

Informationsmedium aus und innerhalb der Branche. Kam man als Künstler, Autor, Manager, Verleger darin vor, war man Teil des großen Casinos. Kam man nicht darin vor, war der Schatten, den man im Business warf, zu kurz. *Der Musikmarkt* rief einmal im Jahr zur großen Weihnachtsfeier nach München. Und auch hier galt das eherne Gesetz: War man auf der Gästeliste zu finden, dann war man jemand. Alle anderen mussten draußen bleiben, während drin der jährliche Branchen-Gossip seinen Höhepunkt erreichte. Diese Weihnachtsfeiern galten auch als der heißeste Jobmarkt der Branche. Die Plattenbosse, Manager, Produzenten, Künstler traten sich gegenseitig auf die Füße, und wenn um fünf Uhr in der Früh die Letzten rausgekehrt wurden, hatten nicht wenige entsprechende Angebote in der Tasche.

Wie gesagt, man kannte sich, wusste übereinander Bescheid, und so war es nicht verwunderlich, dass Thomas Stein über die Verlegerin von Peter Cornelius mit diesem Kontakt aufnahm. Stein war damals, 1988, Geschäftsführer der Teldec Schallplatten GmbH in Hamburg, einem deutschen Traditionslabel, das seit Langem zum Mutterkonzern Telefunken und Decca gehörte, seit 1987 Teil des Time-Warner-Konzerns war und dessen Geschichte bis in die Dreißigerjahre zurückreichte. Er legte Peter Cornelius ein Angebot vor: „Vergiss Ariola, komm zu uns." Und Cornelius schlug ein. Einer der ersten Titel, die auf Teldec erschienen, war 1988 „Irren ist männlich". Es war eine sich selbst erfüllende Prophezeiung, denn kaum war die Tinte unter dem Vertrag trocken, wechselte Thomas Stein von der Teldec zu? Erraten. Zu Peter Cornelius' altem Label – er übernahm in München als neuer Geschäftsführer der BMG Ariola. Zurück blieb Peter Cornelius, für den Hamburg jetzt kein Glücksbringer mehr war, mit einem hoch dotierten Vertrag, der ihn über mehrere Jahre an Teldec band. Die Teldec wiederum wurde 1990 beim von Time-Warner erstandenen Label East West Records integriert.

Das Firmenkarussell drehte sich munter weiter, und man musste als Künstler neben all den kreativen Leistungen, die zu erbringen waren, höllisch aufpassen, dabei nicht unter die Räder zu kommen. Cornelius, der nie einen Manager hatte und stets auf sich allein gestellt war, wenn es zu solchen branchenpolitischen Veränderungen kam, reagierte auf vieles mit – nachvollziehbarem – Unverständnis und Wut. Es sollte nicht das letzte Mal sein, dass sich solche Veränderungen auf sein Tun auswirken würden. Steins Abgang zu Ariola kommentiert er heute so: *„Ich hatte es plötzlich mit Menschen zu tun, denen ich und die mir fremd waren. Das hat nicht funktioniert und mich viele Jahre gekostet. Die Nachricht, dass Thomas Stein, der mich zur Teldec geholt hatte, schon nach dem ersten Album die Teldec verließ und zur Ariola ging, von der ich gerade kam, war, als ob du einen Aufzug rufst, die Tür geht auf, du steigst ein und trittst ins Leere. Keine Kabine – unter dir ein schwarzes Loch."*

Das erste Album für Teldec – von dem später noch die Rede sein wird – war 1988 erschienen und hatte den Titel „Sensibel". Darauf findet sich unter anderem auch „Sanft ist unser Kampf". Die Zusammenarbeit mit Michael Cretu als Producer war nach dem Album *Fata Morgana* beendet worden. Cretu widmete sich seinen eigenen Projekten, und Cornelius produzierte selbst im eigenen Studio. Auch wenn beide damals nicht mehr zusammenarbeiteten, hält die enge Freundschaft bis heute.

Cretu zog später aus der Doppelhaushälfte in Ottobrunn aus und übersiedelte samt seinem Studio nach München-Grünwald und bald darauf nach Ibiza, wo Peter Cornelius einige Gitarren für Cretus Enigma-Projekt einspielte. Unter anderem das legendäre psychedelische Solo auf „Return to Innocence".

Fünf Jahre nach dem Debüt bei Teldec (East West) lief der Vertrag mit der Company aus. In dieser Zeit entstanden neben *Sensibel* (1988) noch die Alben *Jahreszeiten* (1989), *In Bewegung* (1990), *Cornelius + Cretu* (1992) und *Lieber heut als morgen* (1993). Es war eine sehr arbeitsintensive Zeit. In erster Linie verbrachte Peter Cornelius sie in seinem Aufnahmestudio in München und ab 1988 dann in seinem Studio in Österreich und oft auch live auf der Bühne. Dass der Deal mit East West vorbei war, empfand er als Befreiung. Angst vor einer ungewissen Zukunft hatte er überhaupt keine.

Er sagt heute: *„Ich konnte den immensen Erfolg in den Achtzigerjahren nie genießen. In dem Moment, wo etwas erfolgreich war, war es auch schon Vergangenheit, denn da war keine Zeit, sich mit dem Erfolg zu beschäftigen. Er war ja da, also weitermachen, einfach weitermachen."* Außerdem war da auch eine Plattenfirma, die das verlangte, und da Vertrag auf Vertrag folgte, nahm es nie ein Ende, hörte dieser Slalomkurs scheinbar nie auf. Immer wieder wurden neue Stangen gesteckt. Höchste Zeit, sich selbst einmal aus dem Rennen zu nehmen und eine Zieldurchfahrt vorzunehmen.

1993 war es dann so weit. Peter Cornelius hatte sich selbst ein Jahr Pause verordnet. Seit zwanzig Jahren hatte er fast ununterbrochen gearbeitet. Die Feststoffrakete hatte längst keine Brennstufen mehr zur Verfügung. Der Blues war immer öfter zu Besuch gekommen, und all das waren Zeichen, dass es so einfach nicht mehr weitergehen konnte. Pause! Zumindest für ein Jahr. Dass daraus am Ende sieben geworden sind, zeigt nicht nur, wie schnell die Zeit vergeht, sondern auch, wie notwendig diese Auszeit war. Er war überreif für seine Insel! Wo auch immer diese liegen mochte. Und er wollte Abstand gewinnen – unbedingt Abstand gewinnen. Das schien ihm ganz besonders wichtig zu sein. Von einer Anhöhe aus und aus einer gesunden Entfernung auf diese zwei Jahrzehnte zurückblicken und in Ruhe erfassen, was sich da abgespielt hatte. *„Und da musste ich lernen, dass es Abstand nur in einer einzigen Währung gibt, und die heißt Zeit. Und man hat keinen Einfluss darauf, wie viel Zeit man braucht, um wirklich Abstand zu gewinnen, der den Namen auch verdient. Man ist nur, wer man ist. Und das Wesen, das man ist, interessiert sich nicht dafür, wie viel Abstand man sich aus Vernunftgründen zubilligen will, denn zu lange soll es ja auch nicht dauern. Und ich bin jemand, der scheinbar sehr viel Zeit braucht, um wirklich Abstand zu gewinnen."*

Die Erholung, die er unbedingt brauchte, war jedoch oft von depressiven Phasen überschattet, und Infekte gehörten natürlich auch dazu. *„Die Auswirkungen der vielen Jahre der Dauerbelastung haben mich in dieser Ruhephase eingeholt. Ich musste den Raubbau an meiner Gesundheit, den ich zum Teil betrieben hatte, Rate für Rate abbezahlen."* Und da trat jemand in sein Leben, der große Bedeutung haben sollte – Dr. Wolfgang Grünzweig. Ein Arzt, der mittlerweile zum Freund geworden ist, selbst auch ein sehr guter Gitarrist, und der sich, über seine universitäre Ausbildung hinaus, mit Ganzheitsmedizin befasst. Viele Male hat Dr. Grünzweig ihn aus dem Tal von Depression und Schwäche herausgeholt. *„Ich verdanke es ihm, dass ich diese Lebensphase letztendlich so tadellos überstanden habe. Er ist ein außergewöhnliches Talent, ein hoch sensitiver Mediziner, der den Dingen mit seinem feinen Instinkt auf den wahren Grund geht.“*

Die Ananas am Dach

Durch das Ende des Ariola-Vertrags hatte München als Wohn- und vor allem als Arbeitsort an Vorteilen und Attraktivität eingebüßt, und Cornelius, damals bereits seit einem Jahr mit Ulrike liiert, schaute sich nach einem neuen Domizil um, sprich: Die Rückkehr nach Österreich war geplant. East West war in Hamburg zu Hause, und ob er jetzt von München oder von Wien nach Hamburg flog, war, wie man in Wien so schön sagt, schlichtweg „wurscht".

Ein passendes Haus zu finden, war gar nicht so einfach. Peter Cornelius der Inselmensch, der zwischen Bahngleisen aufgewachsen und das vertraute Holzhaus mit viel Grün herum gewohnt war, brauchte einen Platz, der einer Insellage gleichkam. So etwas in der Stadt zu finden, bedurfte gründlichster Recherche. Das Haus sollte ja nicht nur zum Wohnen da sein, sondern musste auch Platz für ein Tonstudio bieten. Damals, wir sprechen von der Vor-Digitalzeit, waren Aufnahmestudios nichts, was sich in ein paar Laptops packen lässt. Wir reden hier von Mischpulten mit 48 und mehr Kanälen, Aufnahmegeräten, Bandmaschinen, Effektgeräten, Instrumenten und und und. Dazu musste die Akustik passen; der Akustiker, der das Studio einrichten sollte, musste also sein Bestes geben.

Das erste Album für East West, *Sensibel,* wurde noch in München aufgenommen. Eine Produktion, die von Depressionen begleitet war. Erschwerend kam noch hinzu, dass das Equipment im Studio der Reihe nach den Geist aufgab und sich die Serviceleute die Klinke in die Hand gaben. Dazu kamen grenzüberschreitende Kapitalflüsse; Steuerberater in Deutschland und Österreich waren mit den jeweiligen Finanzämtern und der Buchhaltung beschäftigt, und Cornelius musste sich, trotz in dieser Hinsicht mangelndem Talent, widerwillig und mehr schlecht als recht auch noch darum kümmern. Der Kreativität wurden also permanent Knüppel zwischen die Beine geworfen.

Jede Menge Gründe also, zurück nach Österreich zu gehen. „Sensibel *hat mich Michael Cretu, großzügig wie er ist, in seinem Studio in Grünwald fertigstellen lassen*“, erzählt Peter Cornelius. *„Denn in meinem Studio in Ottobrunn bei München war ein Teil des Equipments wegen Reparaturen nicht einsetzbar, und der andere Teil wurde bereits für den Umzug nach Österreich eingepackt.*“

Schließlich war das Album dann doch im Kasten und das Equipment von Cornelius’ Studio in München war auf dem Weg nach Österreich. Denn mittlerweile waren Peter und Ulrike am Stadtrand von Wien fündig geworden. Die in der Belle Époque erbaute Villa befindet sich in verbautem Gebiet. Das klingt zwar nicht nach Insellage, ist aber doch eine, denn betritt man das Grundstück durch eines der beiden großen, eisernen Gittertore, die zwischen den grün bewachsenen Mauern zum Haus führen, bleibt, nachdem sich das Tor wieder geschlossen hat, die Welt wie von Zauberhand draußen.

Die Belle Époque, die goldene Epoche, eine Zeit des Friedens im ausklingenden 19. und beginnenden 20. Jahrhundert, die erst mit dem Ausbruch des Ersten Weltkrieges 1914 endete, wurde in Österreich „Gründerzeit“ genannt. Doch bleiben wir lieber bei „Belle Époque“ – das passt viel besser zu diesem Haus, zu dieser Welt aus Wintergärten und Salons. Es war die Welt eines Gustav Klimt und der Sezessionisten, entstanden aus dem Überdruss am Althergebrachten. Ob in der Kunst, in der Architektur oder im Journalismus. Die Lust am Neuen, am Ausprobieren, der Mut, die Dinge auf den Kopf zu stellen, waren erwacht, befeuert durch den unerschütterlichen – und teils naiven – Glauben an die Technik. Es war die „Alles-ist-möglich“-Epoche. Eine längst vergangene Zeit, in der jemand dem heutigen Haus der Familie Cornelius, aus welchem nicht mehr nachvollziehbaren Grund auch immer, ganz oben auf die Kuppel als Krönung eine Ananas gesetzt hat.

1988 hat Cornelius dieses Haus gekauft. Abgesehen von der „Insellage“ hat es einen weiteren großen Vorteil: die leichte Hanglage. Denn dadurch kommt Tageslicht ins Studio, das sich im Parterre befindet. *„Ich wollte mit meinem Studio nicht in einem Keller landen“*, sagt er dazu.

Das Haus wurde behutsam renoviert und hat so seinen ursprünglichen Charakter beibehalten. In der Tat scheint die Zeit darin stehen geblieben zu sein. Die hohen Räume, die Fensterflügel, große, stilechte Doppelflügeltüren und der Doppeltüreneingang, ein großer Wohnsalon, an den ein weiterer Raum angrenzt, der von einem Billardtisch dominiert wird. *„Als ich das erste Mal durch das Haus gegangen bin und diesen Raum entdeckt habe, da war mir klar: Hier kommt ein Billardtisch rein“*, sagt Peter Cornelius. Und so kam es dann auch.

In diesem Haus herrscht keine hektische Betriebsamkeit. Vielmehr ist es eine Insel der Ruhe und der Kunst. Oben in den ersten beiden Stockwerken die Wohnräume und das Büro, im Erdgeschoß das Tonstudio. Während der Renovierungsarbeiten wurde das Studioequipment bereits von München nach Wien transportiert, stand gut verpackt im Souterrain und wurde, nachdem die Ziegelstaub-Zeiten vorbei waren, von einem Freund aus der Technik- und Studioszene wieder zum Leben erweckt.

Man kann die Rolle, die dieses Haus im Leben der Familie Cornelius spielt, nicht deutlich genug betonen. Vier der fünf Alben für East West sind hier entstanden, aber viel wichtiger war das Haus als Rückzugsort, als Cornelius sich entschlossen hatte, den Slalom vorderhand einmal zu beenden. Da wurde das Haus zur Burg. Es ließ vieles draußen vor der Tür, und es war Ulrike, die eine Art Torwächterin abgab und Peter von nun an den Rücken freihielt. Sie entwickelte sich mehr und mehr zu jenem Menschen in seinem Leben, der all das zu übernehmen begann, womit er selbst mehr schlecht als recht zurechtkam. Ulrike arbeitete sich in die Materie ein, kümmert sich seitdem um die Verwertung der Urheberrechte, brachte preußische Ordnung in den Wiener Schlendrian. Bis heute hält sie ihm vieles vom Leib, wovon sie weiß, dass er damit nichts zu tun haben will, weil es einfach nicht seiner Natur entspricht.

Wieder auf einer Insel

Es wäre zu einfach, würde man so tun, als wäre Peter Cornelius damals quasi in Ruhestand gegangen. Kreativität kennt keinen Ruhestand. Er wollte ein Jahr Pause machen. Die Stopptaste drücken. So war es geplant. Aber gewisse Dinge mussten trotzdem weiterlaufen. Dazu gehörte, dass Peter Cornelius seit Jahrzehnten wieder im Besitz der Verlagsrechte an weit über 90 Prozent seiner Songs war. Ab einem bestimmten Zeitpunkt hatte er nur mehr zeitlich befristete Verlagsverträge unterschrieben. Ein kluger Zug, wenn man bedenkt, dass Copyright mittlerweile – in einer Zeit der grenzenlosen Produktverbreitung, sowohl physisch als auch digital – viel bedeutender geworden ist, als es je zuvor der Fall war. Natürlich gibt es die illegalen Downloads und was durch das Internet sonst noch alles zur falsch verstandenen Selbstverständlichkeit geworden ist. Viel wichtiger jedoch ist: Ist man alleiniger Herr der Urheberrechte der Titel, die man geschrieben und komponiert hat, so partizipiert kein Verlag oder sonst wer bei den Einnahmen durch die Rechteverwertung mit. Natürlich gab es immer wieder Versuche von unterschiedlichen Verlegern, die an Cornelius herantraten und Interesse an seinem Katalog anmeldeten. Aber diese Ansinnen wurden natürlich allesamt zurückgewiesen.

Die Jahre 1993 und 1994 wurden zu einer Phase der inneren und äußeren Aufarbeitung der Vergangenheit. Vor allem war es auch die Zeit, in der Peter Cornelius für sich wiederentdeckte, dass man Musik machen konnte, ohne etwas mit der Musikbranche zu tun zu haben. Das hört sich einfacher an, als es ist. Peter Cornelius war gewohnt, dass das, was er schrieb und komponierte, sich zuerst den Plattenfirmen und dann dem Markt stellen musste. Einfach aus sich heraus Musik machen, ohne Druck – das hatte es für ihn schon seit Jahrzehnten nicht mehr gegeben. „*Ich habe in dieser Zeit so richtig realisiert, wie sehr sich dieser Ergebnisdruck auf mich übertragen hatte und wie ich ihn unwillkürlich auf mich selbst angewandt habe. Ich konnte kein Instrument mehr in die Hand nehmen, um einfach nur aus Freude darauf zu spielen, kein Wort Text mehr schreiben, keine Note mehr komponieren, ohne von mir selbst ein verwertbares Ergebnis zu verlangen. Das ganze Leben mit der Musik ist zum totalitären Beruf geworden. Und das tat, ich kann es nicht anders sagen, einfach weh. Der Druck von außen hatte mir die Liebe zur Musik beschädigt, die Faszination und Begeisterung aus meinem Lebensraum heraussterilisiert. Ich saß in einem leeren Zimmer. Das war ein Gefühl von kalter Sinnlosigkeit. Was war nur aus all dem geworden, was mich immer so sehr beflügelt hatte?*“, sagt Peter Cornelius. Er hatte sich dem Ganzen zwar entzogen, aber die Ungezwungenheit im Tun stellte sich nicht einfach so auf Knopfdruck wieder ein. Also war die Entscheidung eine radikale: kein Komponieren, kein Texten, keine Arrangement- und Produktionsmaschine mehr sein.

Stattdessen Plattenhören, die Musiksammlung durchforsten, viel lesen, sich mit Philosophie beschäftigen. „*Das alles, dazu die Lebensphase mit unseren Hunden – es war eine Erlösung. Das und die Erkenntnis, dass all das, was diese Branche als Lebensraster mitbringt, mir überhaupt nicht gefehlt hat. Im Grunde hat mich die Musikbranche aus dem Metier vertrieben, denn es war offenbar immer viel wichtiger, sich übers Marketing Gedanken zu machen als über die Songs*", sagt er und erzählt von einer Situation, die er in Deutschland im Zuge einer Promotiontour erlebt hatte.

Er saß im Wagen des Radiopromotionchefs der Plattenfirma. So um 1983. Das Gespräch drehte sich um den Song „Jenseits von Eden", der gerade ein Riesenhit war. Cornelius meinte dazu: „,*Das ist ein starkes Stück!* Jenseits von Eden *ist schließlich der berühmteste Film mit James Dean, nach einem Roman von John Steinbeck.' Nach einigen Sekunden des Überlegens erwiderte mein Gesprächspartner: ,Na gut, stimmt ja. Aber es ist ein Riesenhit! Also was soll's?' Woraufhin ich sagte: ,Okay, dann fahr ich jetzt in mein Studio und schreibe den Song »Vom Winde verweht«', um einen Lacher zu ernten. Der blieb aber aus. Stattdessen setzte mein Gegenüber eine Geschäftsmiene auf und sagte ganz ernst: ,Das ist eine großartige Idee! Mach das. Und vergiss es bitte ja nicht – das wird super.'*"

Peter Cornelius erinnert sich auch noch an eine andere Situation: „*In einer Diskussionsrunde mit Mitarbeitern der Plattenfirma, auch der Führungsstab war teilweise anwesend, sagte einer der Mitarbeiter plötzlich: ,Das Sommerloch ist heuer nach vorne gerutscht', was offenbar das gerade besprochene Problem erklären sollte. Worauf ich, soweit ich mich erinnere, kurz ziemlich die Fassung verlor und eine improvisierte Abhandlung von mir gab über Löcher und deren Verrutschen, und die müssen auch nicht immer mit dem Sommer zu tun haben usw., usw. Ich bin da oft schwer zu bremsen. Eine Schwä-*

che, die ich nicht ablegen kann. Ich kann mich aber undeutlich erinnern, dass meine wahrscheinlich ziemlich bildhaften Ausführungen nicht besonders gut ankamen. Aber ich hatte unmissverständlich deponiert, was meine Meinung zu derlei Ansagen ist."

Dann fügt er hinzu: *„Die ganze Situation mit den Angestellten so einer Plattenfirma bekam in dieser Zeit einen starken Drehtürcharakter. All die wichtigen Menschen, die plötzlich bei den Companies aufgetaucht sind und als diejenigen verkauft wurden, die wissen, wie es geht – und dann ebenso plötzlich wieder weg waren. Fluktuation ist dafür ein Hilfsausdruck, aber damit musste man sich abfinden. Irgendwann habe ich dann den Geschäftsführer gefragt, ob sie die Heilsbringer, die sowieso nach ein paar Wochen die Firma wieder verlassen, nicht gleich draußen lassen könnten. Ich habe mich damals manchmal gefragt, ob es sich überhaupt lohnt, sich die Namen zu merken. Ich gewann den Eindruck, dass ein Zeitalter bevorstand, in dem eine Firma eine andere und die wieder eine andere und diese Firma wieder eine andere usw. kauft, und irgendwann wird sich eine Firma selber kaufen, ohne es bemerkt zu haben!*"

Die Phase der Auf- und vor allem Verarbeitung der vergangenen zwanzig Jahre war laut Cornelius *„so lange, wie die Beatles in den Augen der Öffentlichkeit existiert haben – also so sieben, acht Jahre. Normalerweise ist das für eine Karriere der Partezettel mit Garantieschleife drumherum. Aber für mich war es vor allem die Suche nach der Antwort auf die Frage, wie man Musik für die Leute da draußen machen kann, ohne etwas mit der Branche zu tun zu haben, was ja aber nicht geht. Und ich fragte mich, was eigentlich mit meinem Lebens-*

tun ist und wird. Kann ich das zulassen, dass ich diese Leute, die die Branche darstellen, wieder in mein Lebenstun lasse und möglicherweise wieder ein Joch auf meinen Schultern sitzt und mich belastet und einengt? Eine Rückkehr ins Geschäft, das ist keine spontane Idee, das hat vielmehr etwas von einem sich vorsichtig Annähern." Eine Annährung in Schüben, die kamen und gingen. Doch nach sieben Jahren stand für ihn der Entschluss fest, wieder weiterzumachen, allerdings ohne dort anzuknüpfen, wo er aufgehört hatte: „*Also, mach wieder – aber pass auf, dass du nicht wieder so reingezogen wirst, dass du nicht wieder von der Branche gelebt wirst, sondern mit einer Kupplung ausgestattet bist. Dass du immer die Möglichkeit hast, die Kupplung zu treten, den Motor vom Getriebe trennen kannst, sobald du merkst, dass du mit einem Fuß bereits wieder im Hamsterrad stehst.*"

Die Neunzigerjahre, und da vor allem die selbst gewählte Pause vom Branchenleben, waren jedoch weit davon entfernt, eine Phase der Untätigkeit zu sein. Die Freundschaft mit Michael Cretu führte Peter und Ulrike mehrfach im Jahr auf eine weitere Insel, die in seinem Leben eine Rolle spielen würde: Ibiza. Dorthin war Cretu 1988 von München aus gezogen, baute dort sein neues Studio und begann mit der Arbeit an dem Projekt mit dem geheimnisvollen Namen Enigma. 1990 erschien das erste Album: *MCMXC a.D.*, also „1990 anno Domini".

Das Enigma-Debüt setzte zu einem weltweiten Siegeszug an, wurde insgesamt mit 57 Platin-Auszeichnungen geehrt und war über fünf Jahre lang in den US-Top 200 Billboard-Charts notiert. Was war es, das Cretu da nahezu unter dem Radar der Medien und ohne Getöse in die Welt gesetzt hatte und das sich zu einem enormen Hit entwickelte? Pop? New Age? Gregorianische Gesänge im 20. Jahrhundert? *„Für die weltweite Branche war es Pink Floyd der Neunzigerjahre, eine einfach bisher noch nicht da gewesene visionäre Musik. Die Verschmelzung von Klängen aus verschiedensten Kulturen auf eine neue Art und Weise ging um die Welt"*, so Peter Cornelius, der bei seinen Besuchen auf Ibiza immer wieder viele Nächte mit Michael Cretu im Studio verbrachte und für einige der Gitarrensounds bei Enigma verantwortlich zeichnet.

„1989 waren wir zum ersten Mal auf Ibiza und sind später immer gerne wiedergekommen. Wir haben dort sogar an die 50 Häuser angeschaut, weil wir mit dem Gedanken gespielt haben, uns auf Ibiza niederzulassen. Daraus ist aber nichts geworden", erinnert er sich. Anders verhielt es sich mit den Aufnahmen im Studio. Es war kein normaler Recording-Prozess, sondern lief viel eher unter *„zwei Freunde gehen in der Nacht ins Studio und suchen passende Gitarrensounds, und es fühlte sich so an, als ob wir es nur für uns machten. Ich habe einfach zu dem, was er bis dahin aufgenommen hatte, gespielt und irgendwann gefühlt, jetzt spielt es von selbst. Schwebezustand. Den Gitarrensound zu ‚Return to Innocence' haben wir in einer dieser Nächte gefunden, und der konnte nur zu dieser Musik, auf dieser Insel entstehen. Es war wie bei einem Maler, der auf seiner Farbpalette irgendwann den für dieses Bild perfekten Farbton findet."*

Ein Jahr danach waren Peter und Ulrike wieder auf Ibiza und bei Cretu zu Besuch. Auf dem Grundstück des Producers und Enigma-Mastermind waren in zwei verschiedenen Häusern zwei unterschiedliche Tonstudios eingerichtet. In diesen Studios hat Cornelius gemeinsam mit Cretu jene Titel geschrieben und produziert, die auf dem gemeinsamen Album *Cornelius + Cretu* 1992 erschienen sind. Cretu selbst war nie der Typ, der sich aus branchenüblichen Auszeichnungen großartig etwas machte. „*Da wurden irgendwelche Preise, die er erhalten hatte, als Briefbeschwerer im Büro verwendet, und die Gold- und Platin-Platten standen, so wie sie von den Firmen geschickt wurden, in Kartons verpackt am Gang. Einer dieser Kartons war seitlich aufgerissen, und da drin waren Gold- und Platin-Platten für Verkäufe von Enigma, unter anderem auch eine für die Verkäufe in Indien. Ich habe diesen Award rausgenommen, Michael gezeigt, und seine einzige Reaktion war: ‚Schau mal an, die Inder!' Das hat ihn schon berührt, aber er dachte immer vorwärts, und ich sagte mir: Recht hat er, denn es geht ja immer nur um das nächste Album, die existierenden erfolgreichen stehen ja ohnehin für sich*“, sagt Cornelius, der sich auch noch gut daran erinnern kann, wie er von seiner Grammy-Nominierung erfahren hat: „*Ich komme ins Studio, da drückt mir Michael einen Plastikumschlag in die Hand und sagt: ‚Schau, die Amerikaner haben da was geschickt für dich.' – ‚Was ist das?' – ‚Das hat mit dem Grammy zu tun.*'“

Diese Urkunde war die Information darüber, dass Peter Cornelius für sein Gitarrenspiel bei Enigma, unter anderem auch auf dem Titel „Return to Innocence“, für den weltweit wichtigsten Musikpreis nominiert ist. Besser gesagt war, denn da war die Grammy-Verleihung bereits vorbei. Der Song ist längst ein Klassiker, und ein Vierteljahrhundert später hat der Titel bei YouTube die 68-Millionen-Marke an Klicks erreicht. Mit anderen Worten: Gitarre spielen hat man Cornelius schon auf der ganzen Welt gehört.

Anfang der Neunzigerjahre war Cretu der Meinung, dass es an der Zeit wäre, die Studios in Ibiza mit dem nötigen Gitarrenbestand auszustatten, einfach, damit stets qualitativ hochwertige Instrumente vorhanden sind. Also flogen Michael und Peter an einem Januartag gemeinsam nach Los Angeles, mieteten in Anaheim eine Limousine samt Fahrer und fuhren der Reihe nach die angesagtesten Gitarrenshops der Stadt ab. Zur gleichen Zeit lief auch die NAMM Show – die größte Musikinstrumentenmesse der Welt. Ursprünglich 1901 als „National Association of Music Merchants"-Messe gegründet, war das der perfekte Ort, sich nach einem entsprechenden Set Gitarren für Ibiza umzusehen. *„Ein Dutzend Gitarren haben wir gekauft"*, erinnert sich Peter Cornelius. *„6-Saitige. 12-Saitige. Bässe. Es war eine irre Aktion."*

Ibiza ist Peter und Ulrike in sehr guter Erinnerung: *„Wir haben da herrliche Zeiten verbracht. Es war wie unser zweites Zuhause. Ein ähnliches Gefühl haben wir heute, wenn wir in New York sind."*

Masterfader Records

In den Jahren 1993 bis 2000 erschienen einige Best-of-CDs und andere Zusammenstellungen der Aufnahmen von Peter Cornelius aus den Vertragszeiten bei Phonogram, Ariola und Teldec. Dazu auch Wiederveröffentlichungen der alten Alben. Die großen Hits verlieren eben nie an Attraktivität.

Als Rechteinhaber erledigt die Familie Cornelius, sprich Ulrike, nun auch alle damit in Zusammenhang stehenden administrativen Tätigkeiten und was sonst noch so anfällt, wenn man selbst das Label ist. Das erste eigene Label wurde Masterfader Records getauft, das zweite dann Reif für die Insel. Trotz Streaming, Downloads und YouTube läuft das meiste Geschäft mit der Musik von Peter Cornelius immer noch mit physischen Tonträgern. Mittlerweile gibt es das aktuelle Album, *Unverwüstlich* (2017), sogar auf Vinyl zu kaufen. Die Fans haben danach gefragt.

„Das eigene Label war notwendig geworden, weil man mit den heutigen Plattenfirmen nicht mehr so arbeiten kann, wie man es früher konnte", sagt er und meint dabei mit „man" sich selbst. *„Jemand wie ich kennt die goldenen Zeiten, und mit dem Zustand, wie sich das Metier heute darstellt, will ich nicht umgehen müssen, denn der Unterschied ist einfach zu groß. So werden wir auf dem eigenen Label etwas veröffentlichen, wenn ich das Gefühl habe, dass es der richtige Zeitpunkt ist. Was man natürlich auch noch braucht, ist ein sehr guter und internati-*

onal tätiger Major-Vertrieb, und den haben wir – die Warner Music Group Germany in Hamburg. Und da ist sie wieder, die Stadt Hamburg, die mir schon früher Glück gebracht hat."

Dass Peter Cornelius als einer, der aus der „goldenen Zeit" kommt, wie er sagt, sich damit schwertut, wie sich die Musikwirtschaft heute darstellt, darf nicht verwundern. Der Unterschied zwischen damals und heute ist einfach zu groß, die Umwälzungen waren zu gewaltig. Aus der Analogzeit hinüber in die digitale war diese Branche die erste Kreativindustrie, die von der Digitalisierung am Nasenring durch die Zeit gezogen wurde. CD-Kopien, illegale Downloads, Song-Tauschbörsen im Internet. Die Musikwirtschaft hat es weltweit kalt erwischt, sie hat die Zeichen der Zeit einfach zu spät erkannt. Auch weil es keine Erfahrungswerte gab. In Österreich war das Jahr 2000 das umsatzstärkste der hiesigen Musikindustrie seit ihrem Bestehen. Ab da ging es in Jahresschritten bergab, bis man schließlich bei der Hälfte des All-Time-Highs landete. Die goldenen Zeiten waren für alle Beteiligten vorbei. Für die Kreativen und für die Vermarkter. Im Handel schrumpften die Regalmeter mit CDs, und heute werden selbst Downloads von den Streams verdrängt. Streaming wächst und zeigt, wohin die Reise geht: Musik ist jederzeit und überall verfügbar – man braucht nur einen Zugang zum Internet, und schon lässt sich aus über 40 Millionen Songs eine persönliche Auswahl treffen. Nie war die allgemeine Musiknutzung so hoch wie heute. Und: Nie zuvor wurde in der Breite so wenig mit Musik verdient wie heute. Vor allem vom Gros der Künstlerinnen und Künstler. Für Peter Cornelius war die Gründung von Masterfader Records die logische Reaktion auf diese Entwicklung.

„Das in die Welt Treten der CD Anfang der Achtziger hat der Musikbranche den wärmsten Regen aller Zeiten beschert“, sagt er. *„Die Firmen konnten ihr Musikrepertoire ein zweites Mal verkaufen. Und die Weiterentwicklung der Technologie, die die CD ermöglicht hat – wir kennen sie als das sogenannte MP3-Format, entwickelt vom Fraunhofer-Institut –, hat sich gegen die Branche gewendet. Wir leben in einer bipolaren Welt. Jede Medaille, und mag sie noch so glänzen, hat eine zweite, ‚dunkle' Seite.“*

Die unbequemen Freund

„Die unbequemen Freund sind meine besten, die, die hin und wieder sag'n, dass i was falsch g'macht hab'. Die net immer zu allem nur Ja und Amen sag'n."

Dieses Lied hat Cornelius 1980 aufgenommen. Erschienen ist es auf dem Album *Der Kaffee ist fertig* und wurde damals auch als Vinyl-Single auf dem Label Philipps veröffentlicht, produziert von Michael Cretu. Es war die erste Zusammenarbeit mit Michael. Cornelius spielt den Song auch heute immer wieder live, und die Moderation dazu spricht Bände. Sie gibt einen tiefen Einblick in das Wesen des Mannes, der unbequeme Freunde mag, weil sie ihm offen und ehrlich entgegentreten. Speichellecker und Dampfplauderer, wie man in Wien sagt, kann er absolut nicht ausstehen. Ein Teil der Bussi-Bussi-Gesellschaft war er nie. Immer wieder hat man ihn seitens der Plattenfirma dazu gedrängt, *„doch mehr in der Öffentlichkeit aufzutauchen, um von den Medien gesehen zu werden"*. Und tat er das dann auch, hat er es meistens auf der Stelle bereut. Seit er seine eigene Plattenfirma hat, gibt es auch von dieser Seite keinen Druck mehr. *„Ich bin in den Medien, wenn ich auf der Bühne stehe, wenn es um meine Musik geht. Ansonsten braucht es das nicht."* Heißt im Klartext: *„Dieses ‚Sehen und gesehen werden', das ist doch eigentlich lächerlich. Die sogenannte*

Bussi-Bussi-Gesellschaft ist wirklich nichts für mich. Damit verbringe ich nicht meine Abende." Und wie schauen die Sozialkontakte der Familie Cornelius dann aus? „*Unverplante Freizeit. Gespräche mit Freunden, Treffen mit Menschen, die ich wirklich mag. Natürlich gibt es auch Freunde, die mit dem ganzen Metier nichts zu tun haben, Gott sei Dank.*"

Der Mann ist absolut kein Einsiedler, ganz im Gegenteil. Das ging sogar so weit, dass ihn Freunde als „barocken Menschen" bezeichnet haben, weil er sich in den Achtzigerjahren die Insel zugelegt hatte. Da war was dran, denn eigentlich hatte er das Lokal ja nur aus dem Grund gekauft, um, wenn er in Wien aufschlug, einen Platz zu haben, wo er seine Freunde treffen und den Stress in München hinter sich lassen konnte. Ein Fluchtpunkt. Mit persönlichem Taxichauffeur, der wusste, wo Cornelius seine Wiener Wohnung hatte und ihn dort, schutzengelgleich, ablieferte. Diese Zeit ist vorbei, und nicht alle dort hatten zu den wertvollen unbequemen Freunden gezählt. Einige gehörten eher zu einer Art Hofstaat, der sich, als er das Lokal wieder weggab, auflöste.

Freundschaft ist kein Begriff, mit dem Peter leichtfertig umgeht. Da ist diese gesunde Skepsis, mit der er Menschen erst einmal begegnet. Eine gute erste gemeinsame Basis zum Kennenlernen ist bei ihm sehr oft die Musik. Hat er erkannt, dass sein Gegenüber keine Worthülsen absondert und weiß, worüber gesprochen wird, ist der erste Schranken bald überwunden. Er schätzt Professionalität und – vor allem – Kompetenz. Inkompetenz ist ihm hingegen ein Gräuel.

Kompetenz ist bei ihm auch jener Faktor, der Bindungen über Jahre aufrechterhält und persönliche Beziehungen zu Freundschaften werden lässt. Auch Peter Janda, vier Jahre jünger als Peter Cornelius, ist ein Lebensbegleiter. Er ist Musiker, Pianist, Komponist, Arrangeur, Produzent – und seit Jahrzehnten Teil der österreichischen Musikszene. Janda, der mittlerweile den Titel „Professor“ vor seinen Namen setzen kann, zeichnet für viele Soundtracks von erfolgreichen österreichischen Filmen verantwortlich. Die beiden kennen sich seit Jahrzehnten. Beide sind bis heute gut miteinander befreundet und waren früher auch gemeinsam auf Tour. Und: Janda ist beim Song „Irgendwann im nächsten Leb'n“ als Mitkomponist angeführt. Eine echte Seltenheit, heißt es doch bei den Cornelius-Songs nahezu immer „Musik: Peter Cornelius, Text: Peter Cornelius“.

Künstler haben ihre eigenen Schutzräume. Dazu gehören meist Tonstudios, Proberäume und auch Garderoben im Backstage-Bereich. Hier werden nur Menschen akzeptiert, mit denen man harmoniert. Das ist verständlich, geht es doch vor der Show darum, eine gute Energie aufzubauen und *bad vibes* gar nicht erst zuzulassen, denn vor der Bühne warten ein paar tausend Menschen, die ihre Erwartungen erfüllt sehen und hören wollen. Nach der Show ist der Backstage-Bereich die Landepiste. Sanft runterkommen. Der Adrenalinpegel ist immer noch hoch und die Stimmung positiv aufgekratzt.

Wenn Peter Cornelius in der Wiener Stadthalle spielt, trifft er sich danach immer mit einer Handvoll Menschen. Es sind nicht viele, und oft sind auch immer wieder die Gleichen dabei. Darunter Peter Janda, Peter Rapp, mit dem Peter Cornelius seit über 45 Jahren befreundet ist, und andere. Ulrike schenkt Wein ein, Cornelius trinkt aus der Flasche, und dann ist da noch dieser ruhige Typ. Einer, der sich nicht in den Vordergrund drängt, obwohl er allen Grund dazu hätte.

Wenn Cornelius in Wien spielt und Christian Eigner auch in der Stadt ist, dann kommt es zu einem Wiedersehen. So oft ist dieser Christian aber nicht in Wien. Der Mann hat viel zu tun, sitzt er doch bei Depeche Mode seit 21 Jahren am Schlagzeug. Christian Eigner. *„Anfang der Neunzigerjahre ist er zu mir ins Studio gekommen. Ein blutjunger Mann. Ohne viele Worte setzte er sich an mein Schlagzeug und spielte mit einer derartigen Energie und Kraft, wie ich es selten zuvor gehört hatte. Nach fünf Minuten ist er mit der Fußmaschine durch das Fell der Bass-Drum durch gewesen“*, erinnert sich Peter Cornelius.

Das war der Beginn einer langen Freundschaft. Christian hat bei vielen Aufnahmen von Peter die Drums gespielt, und die beiden haben viel Zeit mit intensiven Gesprächen verbracht. Natürlich gab Cornelius ihm bald den Rat, ins Ausland zu gehen. Die Frage war nur: England oder Amerika? Für einen Musiker kommt in den USA zuallererst Los Angeles infrage. L.A.? Erdbeben. Feuersbrünste und was sonst noch. Eigner ging nach London und arbeitete dort als Studio-Drummer. Der Rest ist Geschichte. Eigner, Jahrgang 1971, ist, so Peter Cornelius, *„sicher der österreichische Musiker in der Popmusik, der über die Jahre mit Abstand vor den meisten Menschen auf der ganzen Welt live gespielt hat“*. Und wenn Cornelius das sagt, schwingt eine sympathische Portion Stolz und Freude in seiner Stimme mit.

Gemeinsam sind Peter Cornelius und Christian Eigner nur zweimal auf der Bühne gestanden. Einmal bei einem Protest-Open-Air in der Stopfenreuther Au für den Schutz der Auen und das andere Mal 2001, bei der Hochzeitsfeier von Ulrike und Peter.

Lebenszeichen

Die Jahrtausendwende schloss nicht nur das 20. Jahrhundert ab, sondern läutete auch das Ende der selbst gewählten Auszeit ein. Und 2001 wurde aus der wilden Ehe von Peter und Ulrike eine amtlich beglaubigte. Sein 50. Geburtstag, sprich: die wilden Jahre lagen hinter ihm, und eine lange „Probephase" hatten die beiden auch bereits hinter sich. Es gab also keinen Grund, der dagegensprach. *„Jeder von uns beiden hatte für sich die Grenze des verflixten siebten Jahrs überschritten*", sagt Cornelius, und so wurde nach über 14 Jahren im Jahr 2001 standesamtlich geheiratet.

Circa 300 Gäste waren zur Feier geladen. Richtig rund ging es dann nach Mitternacht. Die All-Star-Band spielte auf. Erich Buchebner am Bass, Thomas Rabitsch am Keyboard, Christian Eigner an den Drums und der Bräutigam himself an der Gitarre und am Mikrofon. Ulrike lacht heute noch darüber, wenn sie daran erinnert wird und sagt: *„Die einzige Hochzeit, auf der Peter jemals gespielt hat, war seine eigene.*"

2001 war nicht nur Geburtstags- und Hochzeitsjahr, sondern es erschien unter dem Titel „Lebenszeichen" auch ein neues Album mit zwei Neuaufnahmen großer Hits sowie neuen Songs. „Endlich!", posteten die Fans. Für Cornelius bedeutete das den Wiedereinstieg nach der Auszeit.

Im Sommer davor, im Jahr 2000, trafen wir uns im Garten des Café Dommayer, um über das neue Album zu sprechen.

Ich war somit bei Peter Cornelius 2.0 von Anfang an mit dabei und schrieb damals für ihn den folgenden Pressetext.

„*Lebenszeichen:* Die CD
Die Koordinaten
Länge + Breite:

14 Tracks, eine knappe Stunde Spielzeit. 12 Titel sind neu, 2 sind Neuaufnahmen bekannter Songs (Reif für die Insel / Streicheleinheiten). Produziert von Peter Cornelius. Entstanden sind die 14 Lebenszeichen über einen einjährigen Reifezeitraum im hauseigenen Studio. Naturnah gelegen – im Wienerwald.

Tiefe:

Peter Cornelius – Singer-Songwriter. Cornelius bewegt sich behutsam zwischen den Textzeilen, aber nicht leichtfüßig. Die jugendliche Unbekümmertheit der Songs der frühen Jahre ist einer gewissen Nachdenklichkeit gewichen. Man spürt förmlich, dass der Autor mit Bauchgefühl den Tiefgang der gesungenen Wörter auslotet, um ja nicht dem Geruch der Depri-Texterei anheimzufallen. Die Gefahr besteht tatsächlich, schnell und unüberlegt von Dritten in dieser Ecke bestattet zu werden, in einer Zeit des Überschwanges und Tittytainments, wo sich alles super-gut darstellt, auch wenn dem gar nicht so ist. In so einer Zeit kann man mit Tiefgang leicht auf ein Riff laufen. Im Seichten lässt sich zwar schwer ertrinken, aber wäre das tatsächlich ein Grund, seine Prinzipien über Bord zu schmeißen?

Bei *Lebenszeichen* war das nicht der Fall. Das würde auch zu Peter Cornelius nicht passen. Dafür erlaubt er sich wiederum romantische Sidesteps, die schon durch zärtliche

Arrangements nie den Geruch aufkommen lassen, sich aus Kommerzgründen bei anderen Genres anzubiedern. Das ist eine Kunst, die nicht viele produzierende Songwriter beherrschen. Cornelius hat's drauf. Als exemplarisches Beispiel sollte der Titel „Fixstern“ gelten. Ein zartes, fast Unplugged-Arrangement baut sich rund um den Text auf, der im Grunde ein Liebeslied ist – ein unkitschiges. Darauf kommt es an. „Streicheleinheiten“ – wir kennen den Song bereits aus früheren Jahren – hat eine ähnliche Metamorphose hingelegt. Im Arrangement deutlich reduziert, das Tempo wurde zurückgenommen und im gesanglichen Ausdruck machen sich die Lebensringe bemerkbar. Bei den „Streicheleinheiten“ ist der menschliche Reifeprozess, den Cornelius durchgemacht hat, am deutlichsten zu spüren. Ein ähnliches Erlebnis überkommt einen bei der Neuaufnahme des Hits „Reif für die Insel“. Die Time ist bekannt, das Arrangement hat sich leicht zurückgenommen – in Österreich würde man dazu sagen: Es klingt g'schlapfter als die Originalaufnahme. Kein Wunder. Der Mann hat die Insel gefunden. Sie ist jetzt nicht mehr das angestrebte Seelen-Sanatorium, als das sie vor Jahren in die Welt geschickt wurde. Der Grund, weshalb sich die „Insel“ auf dieser CD findet, ist ein ganz profaner: Die Verbeugung ans Publikum, welches diesen Titel seit Jahren mit dem Namen Cornelius verbindet.

Lebenszeichen – die neue CD von Peter Cornelius ist ein Seiltanz ohne Netz. Zumindest wenn man deutsch gesungenes Musikschaffen der Jetztzeit betrachtet. Die CD hat keinen Rap-Part, der Mann getraut sich ungeniert mit der ihm eigenen Virtuosität die Gitarre zu spielen (man höre sich das eine oder andere Intro an) und zum richtigen Zeitpunkt einzusetzen, kommt ohne Fox-Groove aus und erlaubt sich textliche Tiefgänge zu singen – und nicht zu sprechen. Dem klassischen Zeitgeist huldigt *Lebenszeichen* nicht. Weder textlich noch im Arrangement. Sie, die CD, entspricht dem persönlichen Zeitgeistgefühl des Künstlers, welches sich mit dem Inhalt dessen, was derzeit beispielsweise unter Zeitgeist firmiert, nicht verträgt. Darum wäre jeder Rap hier schlichtweg völlig fehl am Platz. Möglicherweise setzt sich *Lebenszeichen* dadurch zwischen mediale Stühle ... na und? Ein gutes Album bleibt deshalb ein gutes Album."

18 Jahre ist dieser Text nun alt. Das Album erschien zu Beginn des Jahres 2001.

2003 wurde das Album *Schatten und Licht* veröffentlicht, und dann folgte erneut eine dreijährige Pause, bis 2006 auf dem eigenen Label, Masterfader Records, das Album *Wie ein junger Hund im hohen Gras* erschien. Es war die erste vollkommene und komplette Ablösung von Schallplattenfirmen und der Beginn des Soloweges durchs Metier. So war es geplant. Im Sommer 2008 folgte dann das Album *Handschrift,* ebenfalls auf dem eigenen Label.

Insel XXL

Der 25. Juni 2005 war ein Samstag, und es war das letzte Wochenende vor dem Schulschluss in Ostösterreich. „Na und?", fragt der Westen und Süden der Republik. „Eh klar!", ruft der Osten und stürmt die Insel. Denn das bedeutet: Donauinselfest! Auf der „Insel", wie die Wiener sie nennen, wird seit 1984 traditionell das Donauinselfest veranstaltet. Mit über drei Millionen Besuchern an drei Festivaltagen landet man mit dem Open Air jedes Jahr auf Platz 1 des Rankings der weltweit regelmäßig stattfindenden Musikveranstaltungen.

Das Donauinselfest ist ein Kultur-, Unterhaltungs- und Menschenbiotop mit Geschichte, bei der schon die Entstehung der Location eine Story für sich ist: Es war die Zeit, da floss den Wienern immer wieder mal das Wasser in die Keller. Donau so grau! Heute wird dort anständig gefeiert, und die Fische liegen auf dem Grill und schwimmen nicht mehr in der Garage oder auf der Straße.

Das „Überschwemmungsgebiet", ein 450 Meter breiter, unbebauter Streifen Brachland am linken Donauufer, machte damals, bevor es die Insel gab, seinem Namen zwar alle Ehre, aber das reichte nicht, um den Fluss zu bändigen. 1972 wurde, nach heftigen Diskussionen im Stadtrat und gegen massive Widerstände der Opposition, von der Stadtregierung mit dem Bau einer Entlastungsanlage begonnen. 21 Kilometer lang und bis zu 250 Meter breit wurde eine Insel aufgeschüttet, die den Fluss teilt. Eine Hochwasserschutzanlage. Was den Wienern daran aber am meisten gefällt: das dadurch entstandene Naherholungsgebiet. Und zwar eines, das seinesgleichen sucht! Lokale, Grillplätze, Badebuchten, Wasserschi, Radwege und vieles mehr.

Auf der Insel ist immer was los. Und wenn zum Donauinselfest gerufen wird, dann kommen, wie eingangs bereits erwähnt, an drei Tagen im Juni bis zu drei Millionen Menschen, um sich zu unterhalten.

Das Donauinselfest ist das größte Open Air Europas. Die Stadt Wien lädt dabei zu Musik, Kultur und allem, was dazugehört, ein. Tickets braucht es nicht. Die Shows sind für die Besucher gratis. Auf zahlreichen Themeninseln und ebenso vielen verschiedenen Bühnen wird Programm gemacht. Pop. Rock. Kabarett. Und vieles mehr. Entertainment querbeet. Rund 6000 Stunden Programm sind Jahr für Jahr im Angebot. Die Schulferien lugen bereits ums Eck, die Stimmung ist dementsprechend befreit und der Aufmarsch an Stars, national und international, beeindruckend.

Das Zentrum ist die Haupt- oder Festbühne, auf der es legendäre Momente des Live-Entertainments gab. Auf der Insel zeigt sich, wen die Wiener ins Herz geschlossen haben. Bei einem ticketfreien Konzert gibt es keinen Grund, sich zwingend alles anzuhören. Stehen da 100.000 und mehr Menschen und singen bei jedem Titel mit, wollen den Act dann am Schluss gar nicht mehr von der Bühne lassen, kommt das einem Ritterschlag gleich.

2005 wurde das Donauinselfest zum 22. Mal veranstaltet. Im Laufe des Samstags, dem 25. Juni, sah es bald so aus, als würde ein neuer Besucherrekord in der Luft liegen. Auch das

Wetter spielte mit. Es war heiß, und der junge Sommer zeigte sich von seiner strahlendsten Seite.

Um 20.45 Uhr gingen Peter Cornelius und seine Band auf die große Hauptbühne. Von der Bühne herab bot sich ein atemberaubender Anblick. Über 100.000 Menschen standen da, und als Cornelius mit „Es wird immer sei wie's immer war" startete, begann ein Konzertabend, der 14 Songs umfasste, mit „Du entschuldige – i kenn di" ins Finale ging und einen Fixplatz unter den Donauinsel-Highlights einnimmt. Von diesem Konzert auf der Insel gibt es auch eine DVD, die nur mehr über Second-Hand-Börsen erhältlich ist und unter Fans bereits zu Mondpreisen gehandelt wird.

Solo

Ende 2008 reifte in Peter Cornelius die Idee heran, ab 2009 Solokonzerte zu geben.

Man versteht darunter landläufig, dass dabei in der Regel zwei Personen auf der Bühne stehen: einer, der singt und im Idealfall auch noch Akustikgitarre spielt, und ein zweiter, der den Sänger auf einem Tasteninstrument – vorzugsweise einem Keyboard und nicht einem Klavier – begleitet.

In diesem Fall – und weil auch nur er dazu imstande ist – aber ging Cornelius einen Schritt weiter und bestritt seine Solokonzerte völlig allein und nur mit einer einzigen Gitarre, noch dazu einer akustischen. Das ist für ihn durchaus ungewöhnlich, denn bei seinen Band-Konzerten kommt immer eine größere Anzahl an verschiedenen E-Gitarren zum Einsatz. Aber bei seinen Solokonzerten sind nur er, seine Stimme, seine Songs und seine Virtuosität auf der akustischen Gitarre, einer Gibson Heritage, auf der Bühne zu hören und zu sehen.

Nur ein Peter Cornelius ist in der Lage, ganz ohne Band Konzerte zu geben, bei denen einem als Zuhörer nichts fehlt. Das liegt daran, dass er wie der Leadgitarrist einer Band – und er war ja immer Leadgitarrist und zugleich Sänger – zwischen den Akkorden immer wieder Fills und Überleitungen spielt, was weit darüber hinausgeht, sich auf einer akustischen Gitarre – wie sonst üblich – nur in Akkorden zu begleiten.

Wenn man ihn fragt, was er lieber mag, Solo oder mit Band Konzerte zu geben, dann sagt er, „*dass Solo den Riesenvorteil hat, dass man sich mit seiner Band nicht über Tempo, Ablauf oder Ähnliches verständigen muss, denn allein bin ich absolut frei zu entscheiden, was ich wann und wie spiele und singe*". Was dem freiheitsliebenden Wassermann natürlich sehr entgegenkommt. Und er ergänzt: „*Meine Solokonzerte sind eine besondere Herausforderung, die ich sehr mag, weil ich in jedem Augenblick das alleinige Ganze bin. Jeder Ton, den ich singe, spreche oder auf der Gitarre spiele, steht für sich klar im Raum. Ein Gefühl, das ich, seit ich es kenne, sehr schätze.*"

In Wien spielte er innerhalb eines Jahres gleich drei Mal im Konzerthaus, zuerst im Mozartsaal und dann im großen Saal. Ein anderer legendärer Veranstaltungsort, den er bisher immer nur mit der Band bespielt hatte, war der Circus-Krone-Bau in München, in dem er ebenfalls eines seiner umjubelten Solokonzerte gegeben hat.

„*Diese Jahre, in denen ich Solokonzerte gegeben habe, waren sehr intensiv, und ich hätte damit gerne noch weitergemacht*", sagt Peter Cornelius. „*Aber dann war es an der Zeit, mich wieder um meine neuen Songs zu kümmern und ein neues Album zu produzieren. Und da ich beides gemeinsam, also Konzerte geben und im Studio neues Material aufnehmen – ich habe damals ja auch weiterhin Konzerte mit der Band gespielt –, nur sehr schlecht kann, habe ich mich dazu entschlossen, die Solokonzerte eine Zeit lang sein zu lassen.*"

12 neue 12 – das Spiel geht weiter

2012 wurde Peter Cornelius rückfällig. Er versuchte es noch einmal mit einer Plattenfirma – mit Sony/Ariola.

Wenige Jahre waren vergangen, da rief Ulrike mich an und sagte, dass Peter ein neues Album in Vorbereitung habe und wir uns zusammensetzen sollten.

In seiner Villa traf ich dann auf einen sehr entspannten Peter Cornelius. Im Studio, zwischen all seinen Gitarren, erzählte er mir vom Album, das unter dem Titel „12 neue 12" erscheinen würde. „12 neue 12". Ein Zahlenspiel. Streicht man das Wort „neue", ergeben die äußeren Ziffern die Zahl 12 und die inneren 21. Also 12 neue Songs auf dem 21. Album. Wohlgemerkt: *neue* Songs. Entstanden in Wien und New York. Innerhalb von vier Jahren waren Songs entstanden, die einen Peter Cornelius zeigten, wie er in dieser Direktheit noch nie zu hören gewesen war. Ganz auf die Kraft der Songs konzentriert. Die Stimme ungeschliffener, dadurch emotionaler und auch verletzlicher wirkend. Es regiert die Gitarre, dazu Bass, Schlagzeug, dezente Keyboards. Auf Töne aus dem Computer wurde konsequent verzichtet. Kein fettes Arrangement kleistert das Album zu. Unplugged? Nein, viel mehr zurückreduziert aufs Maximum. Chöre kommen nur spartanisch zum Einsatz. Ich fand damals, und dazu stehe ich noch heute:

Es ist große Kunst, Lieder auf diese Art entstehen zu lassen. Lieder, die nicht nackt wirken, aber trotzdem immer ihren eigentlichen Kern offenbaren. Neue Einflüsse kamen durch verschiedene Musiker hinzu, der Blues der Wienerstadt, die Vibes des Schmelztiegels New York. Für mich läutete dieses Album eine neue Ära bei Peter Cornelius ein, und „schuld" daran war New York – jene Stadt, in der *„ich die Steckdose gefunden habe, in die der Stecker meiner Wesenheit passt"*, wie er immer wieder sagt.

Auf die Frage, ob die CD wieder auf seinem Label erscheinen würde, erzählte er mir, dass es bei Ariola in München einen neuen Label-Manager gäbe, und der hätte ihm ein Angebot gemacht. Wie? Cornelius wieder bei Ariola? Back to the roots? Wie denn das?

Es sei diesmal anders und der neue Mann ein Vollprofi. Er war zu Cornelius gereist und hatte hier im Studio, wo wir gerade saßen, überzeugende Argumente vorgebracht, warum Peter Cornelius bei Ariola unterschreiben solle. Er hatte tatsächlich um ihn geworben. Das klang glaubhaft, und der neue Ariola-Chef war in der Branche auch kein Unbekannter. Er galt als „artist minded", also als einer, der in erster Linie künstlerbezogen arbeitet.

Mir gefiel diese Geschichte gut. Sie schien bei Peter Cornelius einiges wieder zurechtgerückt zu haben, was seine Meinung zur Industrie betraf, und so setzte ich mich einige Tage später hin und schrieb den ersten Pressetext. Also Plattenboss kommt eigens nach Österreich angeflogen, erweist sich als Fan des Künstlers Cornelius, überredet ihn, die vierjährige Plattenpause zu beenden und bietet sich als Partner an. Das klang gut und war nicht gelogen. Vor allem gefiel mir daran auch, dass da jemand den Mut hatte, sich auch auf den neuen, raueren Peter Cornelius einzulassen. Da schielte niemand auf seine Hits 2.0, sondern sah offenbar die Qualität der Songs.

Ariola hielt Wort, und bald arbeiteten wir an einem aufwendigen EPK samt Video, das in New York gedreht wurde. EPK steht für Electronic Press Kit und ist eine Art Pressemappe, die an Medienleute geht und auch im Internet zu sehen ist. Haupttitel des EPK war der Song „Zuneigung". Die Hauptdrehorte für das Video waren das Gebiet zwischen Brooklyn und Manhattan Bridge, das Studio sowie ein Gitarrenladen in Manhattan. Das Filmteam kam zum Teil aus Deutschland angereist, und es wurden keinerlei Kosten und Mühen gescheut.

Kaum hatte ich den Text nach München zu Ariola geschickt, bekam ich auch schon einen Anruf, in dem man mir mitteilte, dass sich leider inhaltlich eine Änderung ergeben habe. Den im Pressetext namentlich genannten Label-Chef – also der, der bei Cornelius' um Vertrauen geworben hatte – gab es seit einem Tag nicht mehr bei der Firma. Äh? Und jetzt? Es gäbe zwar bereits einen Nachfolger, aber die Geschichte sei so eben nicht mehr unter die Leute zu bringen. Ich dachte mir nur ‚Nicht schon wieder!' und schickte ein Mail in die USA, denn Peter und Ulrike waren zu diesem Zeitpunkt gerade in New York mit den Dreharbeiten fürs EPK beschäftigt. Ulrike meldete sich und meinte, auch Peter und sie seien von der Situation kalt erwischt worden, hätten sich aber entschlossen, dass alles so bleiben sollte, wie es war. Der im Pressetext erwähnte Plattenchef hatte den Vertrag unterschrieben, die Geschichte war genauso abgelaufen, wie sie darin beschrieben wurde, und wir würden inhaltlich kein Wort ändern. Na bumm, Respekt! Wer Konzerne und deren sensible Ader kennt, kann sich vorstellen, wie gut so etwas bei denen ankommt. Ein Hohelied auf einen Chef, der nicht mehr da ist – und das in einer offiziellen Presseaussendung. Für mich war das eine für Cornelius typische Situation, und sie erklärt auch, weshalb er die ganze Industriepolitik satthatte. Eine Enttäuschung mehr, aber auch ein weiteres Beispiel für „Ausgemacht ist ausgemacht". Handschlag ist Handschlag, auch wenn der Partner längst das Spielfeld verlassen hat.

Mit *12 neue 12* wurde das Kapitel Major-Industrie nun endgültig abgeschlossen. Seitdem kommt wieder alles nur mehr aus dem eigenen Haus, wird alles nur mehr fürs eigene Label erarbeitet, und man verlässt sich nur mehr auf sich selbst. Da läuft man wenigstens nicht Gefahr, dass der Chef abhandenkommt.

Peter Cornelius fasst es wie folgt zusammen: „*Thomas Stein holte mich für fünf Alben zur Teldec und verließ die Firma nach Album Nr. 1. Andy Selleneit holte mich zur Sony/Ariola und verließ die Firma noch vor der Veröffentlichung des ersten Albums. Die einzige Steigerung, die mir da noch einfällt, wäre, dass mich jemand zu einer Plattenfirma holt, die es gar nicht gibt.*"

Schwebezustand

In diesem Buch war viel von den verschiedenen Songs und vor allem Longplays von Peter Cornelius die Rede. Kein Wunder, sprechen die Lieder bei Singer-Songwritern doch in vielen Fällen eine sehr persönliche Sprache und offenbaren mehr über den jeweiligen Zustand der Befindlichkeiten des Kreativen als jedes Interview. „*Worte tragen oft schon Töne und Akkorde in sich. Genauso tragen Töne und Akkorde Worte in sich. Man muss nur im Idealfall losgelöst genug sein, um es hören zu können. Mit losgelöst meine ich, alle anderen Dinge des Lebens und der Welt existieren in diesen Augenblicken nicht mehr. Es ist wie ein kurzer Schwebezustand mit manchmal, so glaube ich, mindestens einem Fuß im Autismus. Eigentlich ein genussvoller Zustand, denn die Welt mit ihren allgegenwärtigen Zwängen existiert für eine ganz kurze Zeit nicht mehr.*“ Was Cornelius ausmacht und worin die Wurzel zahlreicher seiner Hits liegt, das ist seine Spontaneität beim Texten. Er ist keiner, der die Worte immer wieder wie Puzzleteile hin- und herschiebt oder jedes einzelne Wort auf die Goldwaage legt, bis daraus ein fertiger Text wird. Das ist beim Produzieren, beim Arrangieren, beim Einspielen mit den Instrumenten auch nicht anders, da spielt das Bauchgefühl eine ebenso wichtige Rolle, diesmal aber in Tönen und Akkorden, und die müssen ein harmonisches Ganzes ergeben. Da herrschen andere Gesetze als beim Texten. Der musikalische Perfektionist lässt es nicht zu, grundsätzlich gleich den ersten Take gelten zu lassen. „*Ein First Take kann etwas Einzigartiges haben. Wenn er das aber nicht hat, dann arbeite ich dem Ergebnis zuliebe unnachgiebig daran und lasse das Ganze wenn möglich auch einige Zeit ruhen. Denn sich in etwas hineinzuarbeiten kann auch bedeuten, sich in einer Art Betriebsblindheit zu verlieren. Verschlimmbessert ist schnell einmal was, aber das bemerkt man erst später.*"

Beim Texten läuft das bei ihm anders. Da ist es wie beim Reden, beim Diskutieren, da lässt er sich absolut freien Lauf, und daher wirken seine Texte nie künstlich. Sie sind plötzlich da, der Fantasie und der Kreativität entsprungen, und landen in einer Textmappe oder direkt im Song. So wirken sie frisch, unverbraucht, gehorchen keinen Gesetzmäßigkeiten der Branche und bieten daher immer wieder Überraschungen.

Mit zunehmendem Alter sind, das liegt in der Natur der Sache, Cornelius' Texte mit ihm erwachsen geworden. „Süchtig", „Sanft ist unser Kampf", „Nie wie unsere Eltern" oder das selten gehörte „Bahnsteig" sind Songs, die sich oft mehr an Erinnerungen, gemachten Erfahrungen, Beobachtungen orientieren als am jeweils herrschenden Zeitgeist. Wer das Werk von Peter Cornelius in seiner gesamten Breite studiert, wird bald bemerken, dass er in seinen Texten nie dem Zeitgeist gehuldigt hat. Er war nie einer, der sich Trends anschloss. Die Karawane hat ihn nie interessiert. Im Gegenteil. Trends stand und steht er immer mit einer gehörigen Portion Skepsis gegenüber. Alles, was wie die Lemminge in eine Richtung rennt, lässt er kopfschüttelnd vorbeiziehen, analysiert die Schreihälse und nimmt sich dann die Freiheit, Stück für Stück und mit viel Freude am Zynismus seine Meinung zu sagen. Das will nicht jeder hören, aber das interessiert Peter Cornelius nicht. Hat ihn noch nie interessiert. Lieber ein heftiger Diskurs und die eigenen Argumente mit Nachdruck positioniert, als einfach den Mund zu halten und die Situation wegzulächeln.

Was anderes darf man sich von ihm auch nicht erwarten. Seine Kompromissfähigkeit ist nach Jahrzehnten im Showbusiness aufgebraucht. Das merkt man seinen neuen Songs ebenso an wie den Moderationen in seinen Konzerten. Da spricht einer vor Tausenden Zuhörern ins Mikro und hält mit seiner Meinung nicht hinterm Berg. Egal, ob das jetzt das Personal der Europäischen Union betrifft oder andere Beobachtungen, die er macht und die nicht unkommentiert bleiben dürfen. Peter Cornelius macht, was er immer tat und tut: aus seinem Herzen keine Mördergrube. Dass das in den Zehnerjahren des neuen Jahrtausends einen anderen Widerhall als in den Achtzigern findet – einfach weil der Resonanzkörper durch Digitalisierung, soziale Medien und was sich da sonst noch so als Kommunikations- und Meinungstransportmittel entwickelt hat, ein ganz anderer, nämlich einer mit viel größerer Wucht geworden ist und die Reaktionen unmittelbar und sofort einschlagen –, interessiert ihn nur am Rande. Was ficht es ihn an, wenn die Trolle Theater machen? Links oder rechts? Mit irgendeiner Seite liegst du immer im Clinch, sobald du den Mund aufmachst. Dazu dann der Applaus. Egal, von welcher Seite er auch kommt, immer ist es die falsche, die dann auch noch dazu neigt, den Künstler zu vereinnahmen. Das ist ja auch einfach. Ein schneller Tweet, ein spontanes Posting – und schon bist du in Zeiten der Meinungsdiktatur entweder der Hero oder der Unbequeme. Das ist der Unterschied zu früher. Die Sprache ist gröber geworden. Ebenso wie der Umgang miteinander. Freund. Feind. Die Fronten wechseln in Sekundenschnelle. Was ist richtig? Was falsch? Eine anonyme Masse urteilt darüber, und jedes Interview, jeder öffentlich geäußerte Satz, sofern er nicht absolut harmlos ist, wird auf diese Weise automatisch zur ungesicherten Handgranate.

Unverwüstlich

Das Album *Unverwüstlich* erschien 2017. Fünf Jahre lagen zwischen dem Vorgänger *12 neue 12* und der neuen CD, sieht man von einer kommerziell sehr erfolgreichen Hit-Kopplung auf Doppel-CD einmal ab. Fünf Jahre, in denen sich die Welt, selbst in Österreich, massiv verändert hat.

Peter Cornelius stand in diesen fünf Jahren immer wieder live auf der Bühne und absolvierte zwei Tourneen durch Österreich und Deutschland. Wer die Konzerte in der ausverkauften Wiener Stadthalle erlebt hat, wird mit Sicherheit in Erinnerung haben, mit welcher Zuneigung ihn sein Wiener Publikum begrüßte und anschließend fast nicht mehr von der Bühne lassen wollte. Einige Songs aus *Unverwüstlich* waren bereits Teil der Tourneen, bevor sie aufs Album kamen. Die Reaktionen der Leute gaben dem Singer-Songwriter recht und bestätigten ihn aufs Neue darin, dass es die richtige Mischung aus bekannten Hits und neuen Songs ist, die einen Konzertabend spannend machen. Die Songs und wie sie arrangiert sind, die Moderationen, die exzellenten Musiker und Cornelius' Art ergeben ein zeitgemäßes Ganzes, das sich dem Mainstream entgegenstellt. Unverwüstlich eben!

So gesehen ist „Unverwüstlich" mehr als ein Albumtitel. Es ist eine Aussage, die sich wie ein Felsen in die Zeit stellt und sich für die, die sich darauf einlassen, nicht einfach wegkicken lässt.

„Unverwüstlich" ist gemeint, wie es dasteht: Es gibt ihn, Peter Cornelius, noch immer. Nach bald 50 Jahren Karriere schreibt und singt er seine Lieder, präsentiert sie live seinem Publikum und spricht aus, was er sich denkt. Und er ist dabei nie ein Protestsänger gewesen. Er hat sich immer gewehrt, auch nur in die Nähe der politischen Liedermacher gerückt zu werden, so wie er die Bezeichnung „Liedermacher" überhaupt nicht auf sich angewandt sehen möchte. Text und Musik sind für ihn immer als eine Einheit zu sehen, und die Musik ist nicht bloß das Transportmittel, mit dem der Text befördert werden soll.

Peter Cornelius veröffentlichte *Unverwüstlich* und wusste genau, dass das Album Fragen aufwerfen würde. So war es auch geplant. Die Menschen sollten sich mit Musik und Text beschäftigen, und wer die Songs nicht versteht, wird sie aller Wahrscheinlichkeit nach auch nach Erklärungen nur bedingt verstehen, aber zumindest hat eine Auseinandersetzung mit den Texten stattgefunden. Peter Cornelius erhielt für dieses Album zum Teil hymnische Kritiken. Es wurde als „eines seiner besten, wenn nicht sogar das beste seit Langem" bezeichnet.

Das Album ist für ihn ein weiterer Blick in sein Innerstes, und der offenbart Neues in seinem Lebenstun. *Unverwüstlich* ist wie ein handgeschriebener Brief. Entstanden aus Beobachtungen und persönlichen Erfahrungen. Unverständnis über herrschende Gegebenheiten findet sich darauf ebenso wie die Aufarbeitung der eigenen Kindheit. Natürlich braucht es live auch die Hits von früher, aber selbst die klingen heute anders. Sie wirken wie von der Studio-Leine gelassen, können sich austoben und stehen mit der Kraft der Reife mitten im Leben.

Unverwüstlich ist ein außergewöhnlich intensives Album. Und: Es ist nahezu nicht zu beschreiben, schwer in Worte zu fassen und die Antwort des Kreativen auf unsere Zeit. Was er zu sagen hat, steckt in den Songs, und die haben eine sehr eigene Wirkung: „Das Leben hat raue Haend, lass dir ja nicht ins G'sicht greifen", singt Cornelius und sagt damit alles, was gesagt werden muss über das Hier und Heute, über uns, die wir in der ersten Reihe sitzen und so tun, als wenn nichts wäre.

In *Unverwüstlich* findet sich einiges wieder, worüber in diesem Buch ausführlich geschrieben wurde. So auch die Erfahrungen aus der Kindheit, thematisch vorkommend in „Kinder spüren". Der Song ist eine klare Aufforderung an die Eltern, an ihre Kinder zu denken, wenn es in ihrer Beziehung Zank und Hader gibt. Schon lange wollte Cornelius seine schwierige Kindheit zum Thema eines Liedes machen, aber erst der Tod der Eltern gab den Weg dafür frei.

Unverwüstlich ist von einer beeindruckenden Vielfalt, wartet mit psychedelischen Text- und Arrangement-Spielereien auf. Es gibt darauf den Song „Times Square", und lässt man sich auf das Lied offen und intensiv ein, taucht unweigerlich die Frage auf: Wie kommt der Mann bloß auf solche Texte? Uhren, die sich am Times Square um die Herrschaft über die Zeit prügeln ...

Oder die Beschreibung der dunklen Phasen in „Wenn der Blues zu Besuch ist". Das Lied ist unglaublich intensiv und gibt einen nahezu körperlich spürbaren Eindruck davon, wie es ist, wenn die Depression unangemeldet zu Besuch kommt, mit ihrer ganzen Macht auf den Menschen einwirkt und es sinnlos ist, sich dagegen zur Wehr zu setzen. Seine Reaktion darauf? *„Zorn, weil ich keine Lust habe, Lebenszeit an diese Zustände zu verlieren"*, sagt Peter Cornelius und weiß doch genau, dass der Zorn den Blues nicht vertreibt und die Wut ihn wahrscheinlich eher noch dazu anstachelt, länger zu verweilen.

Unverwüstlich ist ein musikalischer Bogen, der mit „Raue Haend" beginnt und mit „Bergauf" endet. Aufstehen. Weitermachen. *„Es ist so, als würde dir das Leben einen großen Aufziehschlüssel in den Rücken stecken"*, sagt Cornelius. Und dieser Aufziehschlüssel musste in all den Jahren oftmals die Kraft für all die „Bergaufwege" liefern.

„Ich bin ein unanpassbarer Widerständler", sagt er über sich selbst. Unanpassbar – was für ein Wort! Im Wörterbuch ist es nicht zu finden, aber es passt perfekt zum Künstler und Menschen Peter Cornelius. Es ist ein klares Bekenntnis dazu, dass sich mit und in ihm nie etwas ändern wird. Und wenn es darum geht herauszufinden, wie es in ihm aussieht, dann legt er solche Songs vor, wie sie sich auf *Unverwüstlich* finden. Songs, die jede und jeder für sich selbst ergründen muss. Gebrauchsanweisung braucht es dazu keine. Aber Mut und den Willen, sich darauf einzulassen, Texte zu hören, die man so nicht erwartet hätte. Nach der Devise: Herz und Ohren weit auf und durch! Beobachtungen. Metaphern. Wahrheiten, die man nicht hören will, aber sollte. Musikalisch von erster Güte. Großartige Riffs. Gitarrenklänge, die ebenso unfassbar schön wie rotzig daherkommen.

Und dann auf einmal das: Leichtfüßig schmiegt sich „I denk an di" ans Ohr – ein einfacher Song, dem jede Bitterkeit, gar Wut fehlt. Ein Mitsing-Titel. Eigentlich der programmierte Single-Hit, aber auf dieses Single-Hit-Wettrennen will er sich nicht mehr einlassen. Das hat er bereits lange hinter sich gelassen. Und überhaupt hat er nach den letzten fünf, sechs Jahren das Gefühl, dass er sich mit einem Fuß schon wieder in genau dem Hamsterrad befindet, aus dem er sich schon einmal befreit hat. Die Anzeichen mehren sich, und es ist durchaus vorstellbar, dass er bald wieder die Kupplung tritt und sich vom Getriebe trennt. Auch weil das Showbusiness sich von Jahr zu Jahr noch stärker in eine Richtung hin verändert, die ihm, der in einer extrem fantasievollen Epoche der Popularkultur sozialisiert wurde, so gar nicht mehr entspricht.

„Ich bin sehr froh, die Sechziger- und Siebzigerjahre erlebt zu haben, denn so etwas wird in dieser Form nie wiederkommen. Denn der Horizont war damals nach vorne offen, nach links, nach rechts, es war ein völlig klares ‚Es geht immer weiter', ‚Es ist interessant und spannend'. Die Kubakrise warf zwar einen finsteren Schatten, aber ich gebe offen zu, dass mich das damals nicht groß interessiert hat, weil ich mir sicher war, dass die Menschheit doch nicht so unsagbar blöd sein würde, *sich selbst nuklear in die Luft zu jagen. Wie knapp die Angelegenheit offensichtlich war, erfuhr ich erst viel später"*, sagt Cornelius. *„Ich habe den ganzen Bogen der Popmusik seit den Sechzigerjahren miterlebt, und heute sind wir am Ende angelangt. Was übrig bleibt, ist ein Skelett. Es war eine musikalisch sprühende, fantasievolle Zeit, nicht vergleichbar mit heute."* Nachsatz: *„Mich würde die Musikszene von heute nicht dazu animieren, mein Leben in ihr verbringen zu wollen. Mir würde heute die Faszination fehlen. Faszination und Illusion sind ersatzlos vernichtet worden."* Woran liegt's? *„Ich denke, das hatte mit dem 8. Mai 1945 zu tun. Nach den Verheerungen*

des Zweiten Weltkrieges standen ab diesem Tag alle Ampeln auf Go. Von Konrad Lorenz stammt der Satz: ‚Evolution ist das Spiel von allem mit allem.‘ Ich habe ihn für mich ergänzt um: ‚Und sie findet zu jedem Zeitpunkt statt.‘ Das heißt, in jeder Sekunde können Dinge passieren, die Auswirkungen haben werden. Weltweit. Die Digitalisierung ist dabei, uns massiv zu verändern, und niemand kann sagen, was für eine Art Mensch dabei herauskommen wird. Für die Musik und die Künstler hat die Digitalisierung in erster Linie nur Schattenseiten mit sich gebracht.“

Peter Cornelius ist einer der letzten „Großen“ und kommt aus einer Zeit, die so nicht mehr wiederkehren wird. Die Regel, dass Geschichte sich wiederholt, gilt hier somit nicht, dazu haben sich die technischen Gegebenheiten viel zu stark verändert. Nie zuvor war die Musiknutzung so hoch wie heute. Musik ist allgegenwärtig. Auf dem Handy. Im Auto. Am Rechner im Büro. Nur die Wertschöpfungskette passt nicht mehr. Für die (meisten) Kreativen bleiben nur mehr Centbeträge übrig, und das ist zum Leben einfach zu wenig. Ohne Superhit, ohne einen Song, der rund um den Globus geht und milliardenfach gestreamt wird, schaut die Sache im 21. Jahrhundert wesentlich anders aus als in den Achtzigerjahren.

„Popmusik hat immer wahnsinnig viel mit Zeitgeistunterwürfigkeit zu tun“, sagt Peter Cornelius. *„Das war mir eigentlich nie recht. Warum muss sich der gerade vorherrschende Zeitgeist ausgerechnet in Musik ausdrücken? Warum darf Musik nicht einfach nur Musik sein? Warum kann das nicht unabhängig von allem passieren? Offensichtlich geht das mit Musik nicht. Sie ist immer auch ein Spiegelbild ihres Zeitalters. Und*

wir leben jetzt im digitalen Zeitalter." Cornelius spricht's, und man fragt sich, ob junge Menschen von heute ihn verstehen können. Wer in den Sechzigerjahren musikalisch sozialisiert wurde, gehört heute zur Oma-und-Opa-Generation. 1967 und 1968, der Sommer der Liebe, Revolution, „All You Need Is Love" gehören heute zur Popgeschichte und erleben 50 Jahre später in den Medien verklärt wirkende Rückblicke. Peter Cornelius hat dazu seine eigene Sichtweise: *„Junge Menschen von heute kennen dieses brillante Zeitalter der Hochblüte der Pop- und Rockmusik nicht und leiden daher auch nicht darunter, es nicht erlebt zu haben. Sie kennen es ja nicht anders, und was sie darin sehen, ist das Leben ihrer Eltern und Großeltern. Dieses ‚Früher war alles besser' ist heikel.*" Heikel, weil jede Generation es hasst, wenn sie von der Vorgängergeneration solche Sätze hört. Selbst wenn Fakten herangezogen werden, um das bessere Früher zu belegen, bleibt es doch immer subjektiv und aus dem Blickwinkel der jeweiligen Generation betrachtet.

So gesehen ist *Unverwüstlich* auch ein – sein – Album, das sich ganz gezielt an ein Publikum richtet, das bereit ist, den Wert von Musik, von Songs zu erkennen, zu schätzen und dafür Geld auszugeben. Es ist ein Album, das sich gegen die Beliebigkeit richtet, so wie es sein Autor, Komponist oder nennen wir ihn ruhig „Mastermind" geplant hat. Kein Schielen auf den großen kommerziellen Erfolg, vielmehr wieder ein Zeichen setzen, dass es auch anders geht. Und wer mit ihm mitgehen möchte, ist dazu eingeladen. Peter Cornelius ist ein Überzeugungstäter, der aber nie ein billiges Zirkuskostüm daraus gemacht hat. *„Mein Lebenstun besteht im Kern aus der Möglichkeit, mit Worten und Tönen etwas in die Welt zu setzen* *und andere Menschen auf diese Reise mitzunehmen. Ich bin als Wassermann ein unendlich freiheitsliebendes Wesen, und die Freiheit, tun zu können, was ich möchte, war letztendlich immer mein Sauerstofftank, der es mir ermöglicht hat, diese Reise nicht vorzeitig abbrechen zu müssen."*

Zugabe 1: Gitarren

Wir haben Peter Cornelius nun seit dem Januar 1951 begleitet und von seinem Lebenstun erfahren.

Nachdem Bücher eher selten vom Ende Richtung Anfang gelesen werden und die Leser nun an dieser Stelle angelangt sind, gehen wir davon aus, dass sie noch für zwei Zugaben zu haben sind. Zugaben deshalb, weil sie thematisch und chronologisch anderswo schwer unterzubringen gewesen wären.

Die erste Zugabe gilt einem Thema, das Peter Cornelius nun schon einen großen Teil seines Lebens nicht nur begleitet, sondern das durchaus auch als Passion bezeichnet werden kann. Als Passion eines Künstlers, der nach Sounds und Klängen sucht und forscht und der sich seinen Gitarren mit großer Zuneigung widmet. Sie sind für ihn Lebensbegleiter, derer er sich nicht nur musikalisch annimmt. Aber lassen wir Peter Cornelius selbst zu Wort kommen: *„Gitarren spielen in meinem Leben eine ganz wichtige Rolle. Schon als Teenager, als ich meine erste richtig gute Gitarre, die bereits erwähnte Guild, erstanden habe, habe ich erkannt, dass jedes Instrument, jede Gitarre ein Eigenleben führt. Jede hat ihre eigene Persönlichkeit. Selbst wenn es sich um die gleiche Marke, die gleiche Type handelt – keine ist wie die andere und zeigt mir, was sie bereit ist zu geben und was nicht! Wenn ich in einen*

Gitarrenladen gehe und dort Instrumente ausprobiere, spüre ich bald, ob sie bereit sind, mit mir zu spielen.“

Doch die Gitarre allein ist es nicht. Das Zusammenspiel mit dem jeweiligen Verstärker ist ebenso wichtig. Auch hier ist die Balance, die Verständigung zwischen den beiden Elementen etwas, das bei Cornelius bis ins Detail ausbalanciert sein muss. Bei Konzerten mit seiner Band hat er bis zu zehn verschiedene Gitarren mit dabei. Dazu noch die jeweils zu den Gitarren passenden Verstärker und Speaker Cabinets. Einfach schnell mal zu einem Song irgendeine andere Gitarre spielen, eine, die nicht wirklich das kann, was der Song braucht, oder den Abend einfach mit einer Gitarre durchspielen? Geht gar nicht. „*Der Instrumentenwechsel funktioniert nur so gut, weil mein Gitarren-Roadie mit dabei ist. Wir sind sehr gut aufeinander eingespielt, er hat aber trotzdem keine leichte Aufgabe zu bewältigen. Unter anderem, weil ich einige Songs auf 12-saitigen Rickenbackers spiele, und das ist wirklich kein einfaches Instrument, wenn man es stimmen muss. Obwohl er selbst kein Gitarrist ist, hat er von mir gelernt, wie man eine 12-saitige Rickenbacker stimmt. Und er stimmt sie immer wirklich sehr gut. Er ist sehr gewissenhaft. Ein wertvoller Charakterzug.*“ In der Tat findet bei einer Liveshow von Peter Cornelius ein reger Gitarrenwechsel statt. Künstler und Roadie sind dabei zu einem Team zusammengewachsen, sodass die Wechsel schnell über die Bühne gehen. „*Es ist ganz entscheidend für den Song, dass die jeweilige Gitarre so klingt, wie es dem Lied entspricht. Es ist meistens so, als ob die Finger gleichzeitig auch Ohren hätten. Wenn da keine Übereinstimmung ist, dann ist es, als ob es in den Fingern wehtut*“, sagt Cornelius.

Er kennt die Eigenarten der Instrumente, weiß, wie sie aufgebaut sind, wie sie auf zu hohe oder zu geringe Luftfeuchtigkeit reagieren. Wie sich dadurch zum Beispiel der Hals zu neigen beginnt, sich die Stimmung bis zu einem Ganzton verändert und was er dann dagegen unternimmt. Geht er ins Studio, um neue Songs aufzunehmen, dann beginnt er oft schon einen Tag vorher, die Gitarren zu stimmen.

„Die eine oder andere Gitarre, die ich in New York gekauft habe, hat sich in Österreich durch die hier sehr oft herrschende hohe Luftfeuchtigkeit verändert. Die Gitarren hingegen, die ich gemeinsam mit Michael in Los Angeles für sein Studio auf Ibiza gekauft habe, klangen auf der Insel konstant unverändert und hielten auch lange die Stimmung. Das liegt am dortigen Klima, an der geringeren Luftfeuchtigkeit. Gitarren klingen im Shop sehr oft anders als dann später daheim. Manche der Gitarren sind robuster gegen Ortsveränderungen, andere wieder nicht, und kein Mensch weiß, warum das so ist", sagt er und fügt hinzu: *„Es hat etwas Magisches, wenn man mit einer Gitarre, die man zum ersten Mal in der Hand hat, in einem Shop sitzt und vor sich hin improvisiert. Da war es oft so, dass auf einmal der Anfang eines Songs da war. Worte, Textfragmente, die man schon länger mit sich herumgetragen hat, finden sich plötzlich in Musik wieder."*

Peter Cornelius hat etliche Gitarren. Und er spielt sie auch alle. Stimmt die Chemie zwischen Mensch und Instrument nicht mehr, ist er auch bereit, sich von einem Instrument zu trennen. Das kommt immer wieder vor. Und ja, es gibt auch Nummer-1-Lieblingsgitarren – zum Beispiel seine alte Gibson 330. Auch unter den Rickenbackers ist eine die Favoritin. Und dann ist da auch noch seine Gibson Firebird, mit der er „Ganz Wien hat den Blues“ auf der Bühne spielt. Auch diese Gitarre ist eine langjährige Liebe.

Von Anbeginn seiner Karriere haben Gitarren in Peter Cornelius’ Leben immer eine wichtige Rolle gespielt. Zu der Zeit, als er erste Erfolge mit der „Wolk’n“ feierte, hatte er zum ersten Mal damit begonnen, ohne Gitarre auf die Bühne zu gehen. *„Ich hatte das Gefühl, nur mit meiner Guild komplett zu sein. Ohne Instrument fühlte ich mich nackt, schutzlos. Doch ich hatte in dieser Phase den Eindruck, dass es für mich an der Zeit ist, ohne Schwimmreifen schwimmen zu lernen. Ich musste die Gitarre ablegen, weil ich bemerkt habe, dass das Instrument eine Art Schutzschild für mich war. Zwischen mir und dem Publikum hatte ich die Gitarre als Barriere, auch als Waffe der Selbstsicherheit. Es durfte auch einfach nicht sein, dass ich nur mit der Gitarre in der Hand komplett bin. Und um das zu lernen, um mein Selbstvertrauen zu stärken, bin ich dann eine Zeit lang nur als Sänger hinter dem Mikro gestanden. Ich nannte das ‚freihändig singen‘.“*

Mit den Jahren kam die Erfahrung, wuchs die Anzahl an Gitarren, und sollten Sie Peter Cornelius mit seiner Band einmal live auf der Bühne erleben, dann beobachten Sie, wie perfekt dieses Wechselspiel von Gitarre, Roadie, Verstärker und Song funktioniert; versuchen Sie auch zu erkennen, wie unterschiedlich die einzelnen Instrumente in den jeweiligen Songs klingen – und Sie werden Zeuge eines faszinierenden musikalischen Ereignisses sein. Vertrauen Sie mir, ich habe es selbst oft genug erlebt.

Zugabe 2: Dort, wo der Stecker passt

Was Peter Cornelius meint, wenn er über New York spricht und dass *„der Stecker meines Wesens in dieser Stadt perfekt in die dortige Steckdose passt"*, sind die Schwingungen dieser Stadt, die er als *„einen völlig anderen Planeten"* bezeichnet. *„Ich glaube sehr an dieses ‚Jeder Boden hat seinen Geist'. Und was für mich noch wichtig ist: Routinebrechen. Man muss immer wieder versuchen, aus seiner Lebens- und Arbeitsroutine auszubrechen, und das gelingt mir in New York ganz selbstverständlich und mühelos."*

Zahlreiche Songs hat er in New York geschrieben und aufgenommen, so zum Beispiel „72ste Straße" auf dem Album *Handschrift*. Dem folgte das Album *12 neue 12*, das er zu großen Teilen in New York produziert hat. Darauf findet sich mit „Zwischen Brooklyn und Manhattan Bridge" auch eine sehr funkige, wenn auch nicht unkritische Liebeserklärung an diese Stadt. Und auch viele Songs für das Album *Unverwüstlich* sind dort entstanden.

„Ich wollte immer schon gerne mal nach New York, und dann ist es mir endlich auch gelungen, meine Frau zu dieser Reise zu überreden. Aber dann kam der 11. September 2001,

und damit hatte sich das für die nächste Zeit wieder erledigt. Im Herbst 2007 hat Dave Gahan, der Sänger von Depeche Mode, sein zweites Soloalbum Hourglass *veröffentlicht, und gemeinsam mit Christian Eigner sind wir dann zur Präsentation nach New York geflogen. Ich war sofort fasziniert von der Tuns-Energie dieser Stadt, wie ich es nenne. Man steht hier auf, geht los und tut. Da wird nicht lange herumdiskutiert wie bei uns, wo vieles oft so lange zerredet wird, bis man es dann sein lässt. In New York sind Improvisation, Kreativität, Spontaneität allgegenwärtig. Sich sofort von Dingen zu lösen – das geht dort wunderbar. Und wenn etwas nicht so wird, wie man es sich vorgestellt hat, was bei Musik jederzeit der Fall sein kann, dann macht man einen Schnitt und geht anders an den Song heran. Die vorhergehende Version ist dann sofort vergessen, und man fühlt sich frei und unbelastet für einen neuen Versuch*", sagt Peter Cornelius, der in New York nach einer längeren Pause seinen Spieltrieb, die naive Herangehensweise und seine musikalische Neugierde wiedergefunden hat. *„Das war alles auf einmal wieder da, ist in New York von selbst wieder erwacht. Diese Stadt ist einfach der perfekte Boden für mich.*"

In diesem Jahr, also 2018, waren Peter und Ulrike zum zwölften Mal für einige Wochen in New York. Neben der Studioarbeit ist jedes Mal ein Besuch beim Dakota Building angesagt. Dort, wo John Lennon aus dem Leben geschossen wurde, verharrt der große Lennon-Fan einige Minuten, um an jenen Mann zu denken, der ihm als jungen Menschen indirekt den Weg zur Musik gewiesen hat.

„Es sind zwei Menschen, denen ich meinen Lebensweg verdanke", hat Cornelius vor Jahren einmal zu mir gesagt, *„Leo-*

pold Figl und John Lennon." Figl war der erste Bundeskanzler Österreichs nach dem Zweiten Weltkrieg. Wieso also ausgerechnet Figl? *„Ohne Leopold Figl und dessen Verhandlungsgeschick hätten die Russen Österreich vielleicht nie verlassen. Dann wäre es uns die nächsten 50 Jahre so ergangen wie dem Osten Deutschlands. Da wäre dann nichts gewesen mit der elektrischen Gitarre.*" Ein nachvollziehbares Argument, nicht nur für den freidenkenden Wassermann Peter Cornelius. Und John Lennon? *„Er hat die Beatles gegründet und damit das ganze Zeitalter geprägt.*" Wie wahr. Deshalb auch der jährliche Besuch beim Dakota Building.

Dieses Jahr sind die beiden im Juni nach New York aufgebrochen. Die Wochen davor haben wir gemeinsam intensiv an diesem Buch gearbeitet. Für Peter Cornelius war es insofern eine harte Zeit, weil er von einem hartnäckigen Virus gequält wurde. Husten, Atembeschwerden, es ging ihm nicht wirklich gut, und es war fraglich, ob die beiden überhaupt fliegen können. Sein Arzt gab schließlich grünes Licht, aber was den Heilungsprozess enorm beschleunigte, war die Energie dieser Stadt. *„Wir sind da angekommen, und zwei Tage später waren die Beschwerden weg*", sagt Cornelius, und man merkt, dass er gerne noch länger geblieben wäre. Dieses Jahr hat er zum zweiten Mal in einem – für ihn – neuen Studio aufgenommen. Sein Name darf durchaus auch als Gütesiegel für Peter Cornelius' aktuelles Album *Unverwüstlich* gelten: A Bloody Good Record! Und es liegt, erraten, auf einer Insel. Nämlich auf Long Island, jenseits des East River. Nur ist es dieses Mal genau umgekehrt: Diese Insel ist reif für Peter Cornelius. Zufall? „Gibt es so was, wie a Schicksal, an vorbestimmten Weg, den man ohne es zu wissen, a ganzes Leb'n lang geht?“ 1990 hat Cornelius diesen Text geschrieben, und die Antwort darauf kann wohl nur er selbst geben.

Ach ja, Insel. Manch einer hat sich beim Lesen dieses Buches vielleicht gefragt, wo diese Insel, dieser Rückzugsort von Peter Cornelius denn eigentlich ist. Seine Antwort: *„Früher war das für mich Naxos, eine griechische Insel, heute habe ich Manhattan, aber auch das ist es noch nicht endgültig. Seltsam, dass wir so leicht vergessen, dass wir ja auch noch uns selbst haben. Wir selber müssen letztendlich unsere eigene Insel sein. Und wenn es hart auf hart kommt, kann uns diese Insel niemand nehmen. Von einem aber können wir ausgehen, dafür sorgt die Welt schon: Eines werden wir wahrscheinlich mehr oder weniger immer sein, reif – Reif für die Insel.“*

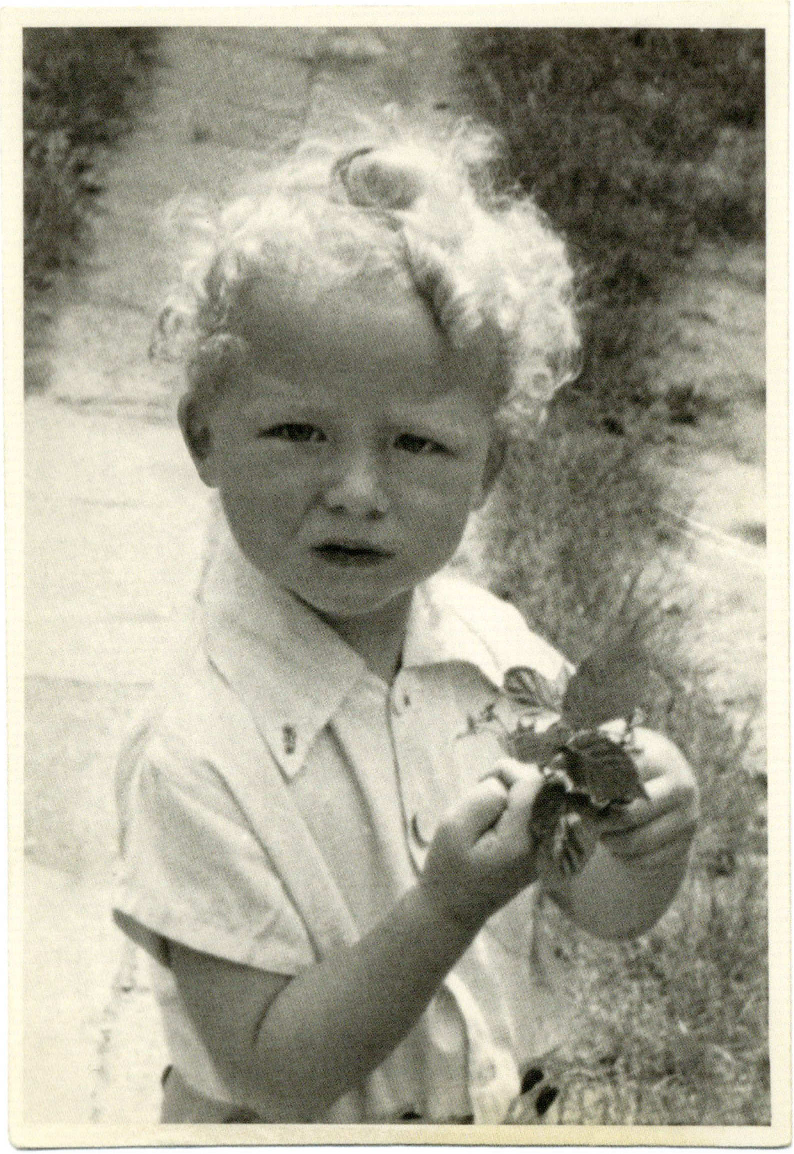

Peter Cornelius als Dreijähriger im Garten seiner Großmutter in Hetzendorf, bei der er seine ersten zehn Lebensjahre verbrachte

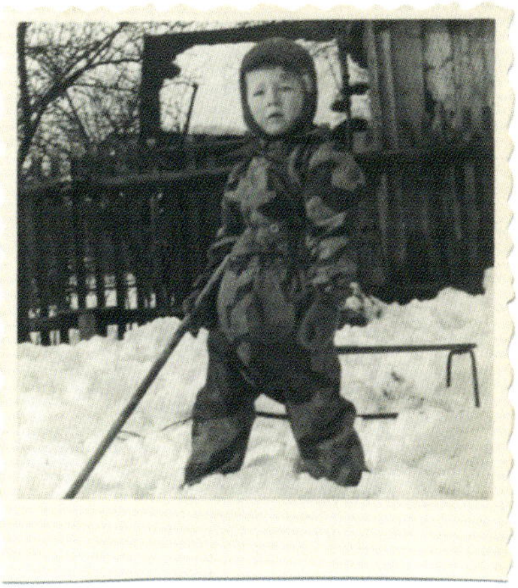

Als Wintergeborener liebt
er bis heute Schnee.

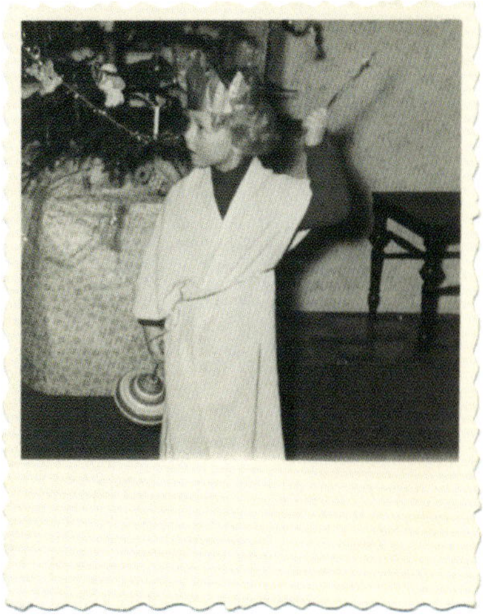

Weihnachten, 1955

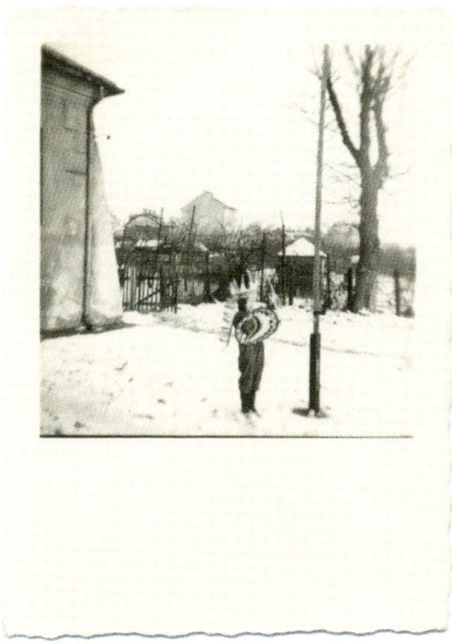

Indianer, 1957

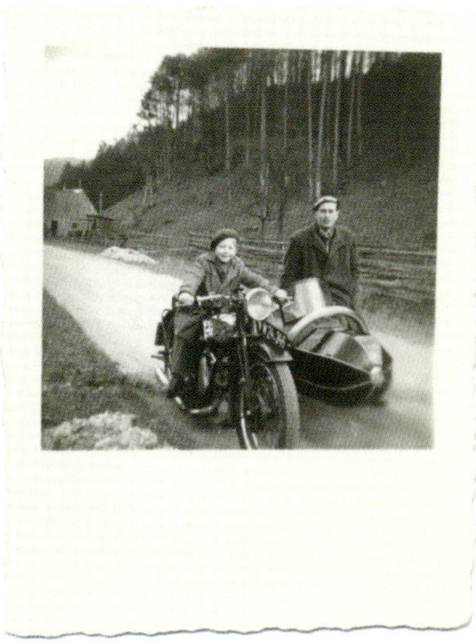

Mit seinem Vater und der Ariel
im Irenental

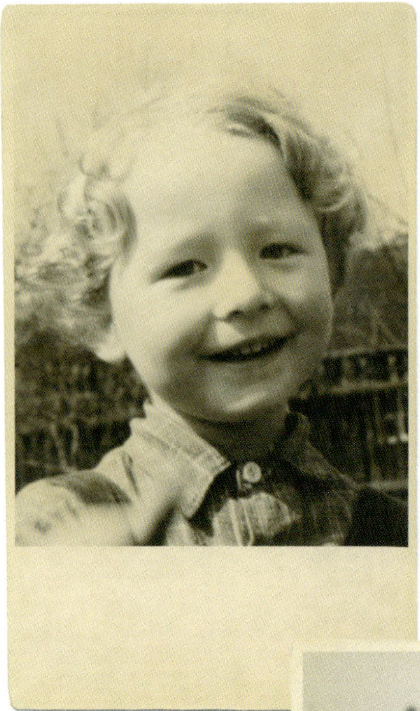

Dem Gesichtsausdruck nach hat da jemand eine Vereinbarung mit Cornelius eingehalten …

… und hier hat jemand eine Vereinbarung nicht eingehalten.

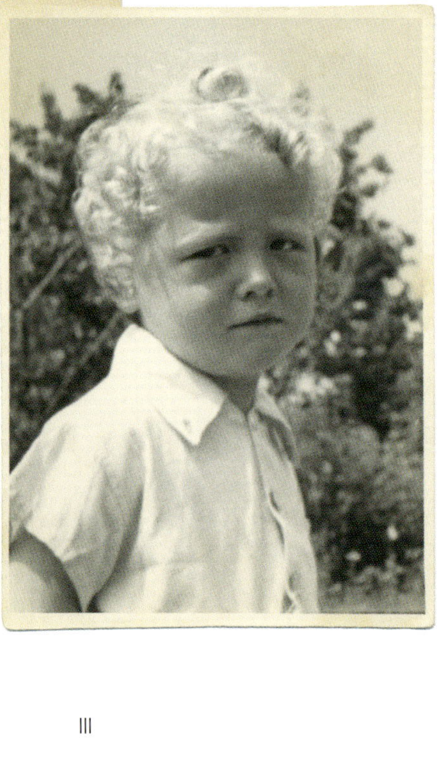

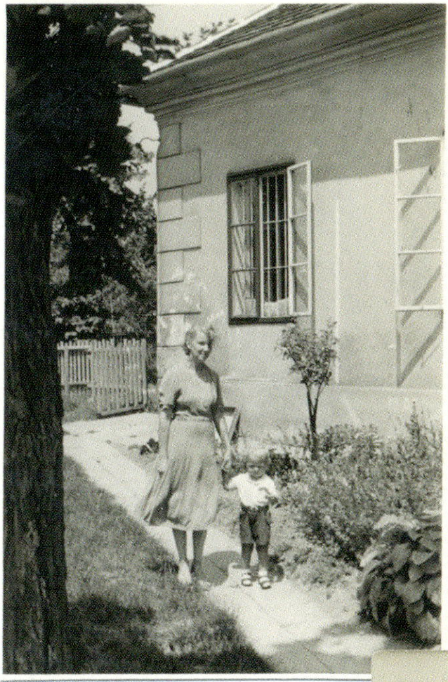

Die Großmutter Karoline, der gute Geist seiner ersten zehn Lebensjahre …

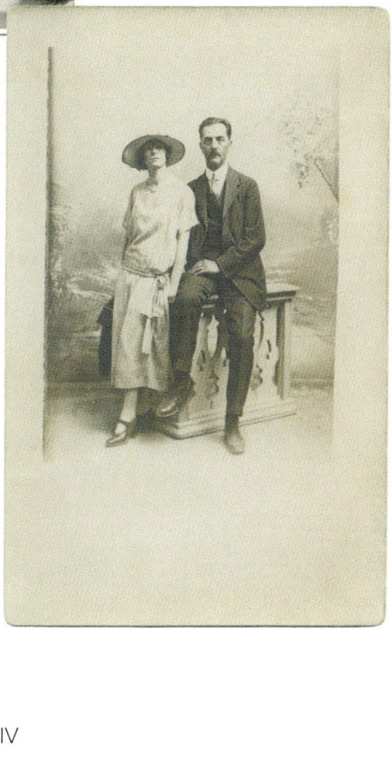

… und hier die Großmutter mit ihrem Ehemann Heinrich, dem Zithervirtuosen – Musikalität und Saiteninstrumente waren Cornelius schon in die Wiege gelegt.

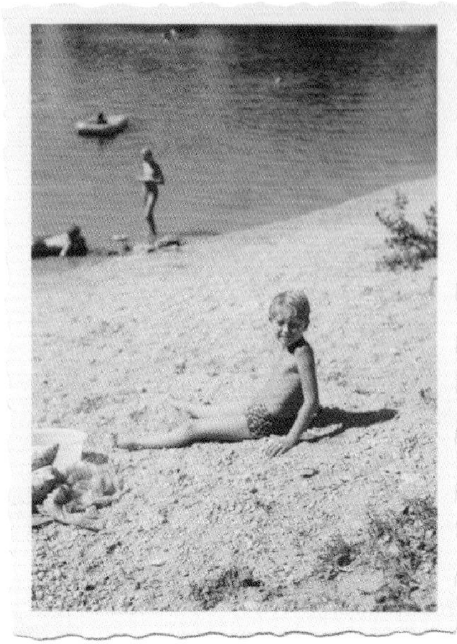

1961 am heißen Schotterufer in der
Lobau am „Donau-Oder-Kanal" …

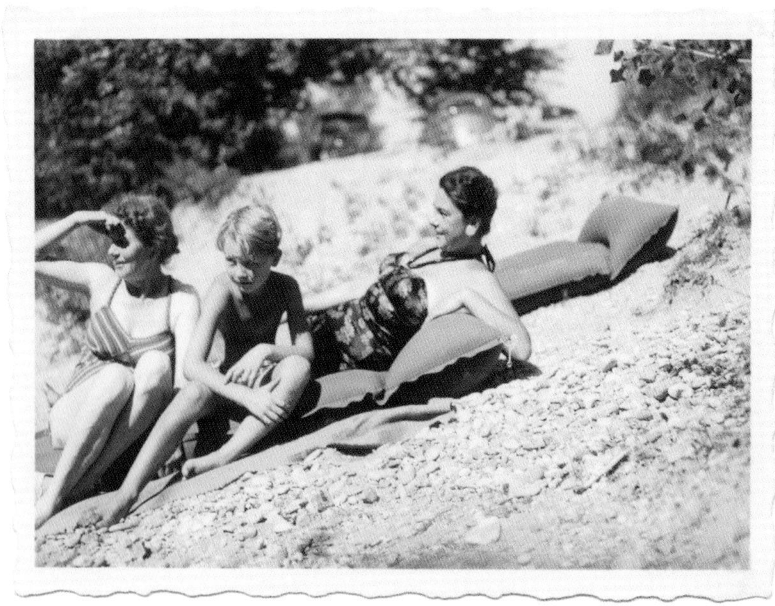

… mit Großmutter und Mutter

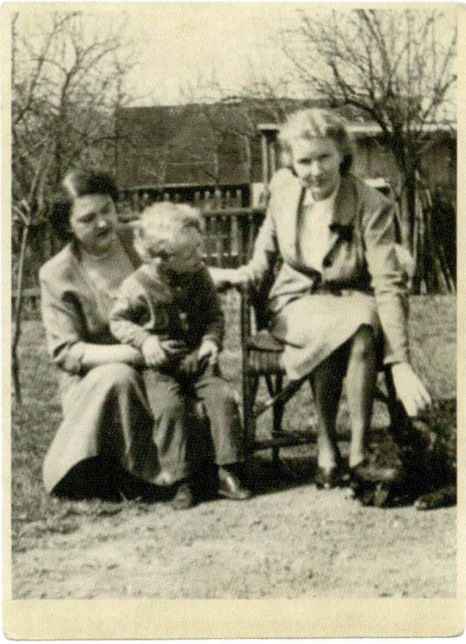

Cornelius ist von Kindesbeinen an
ein „Hundemensch" – hier mit Mutter,
Großmutter und ihrem Schäferhund Luxi.

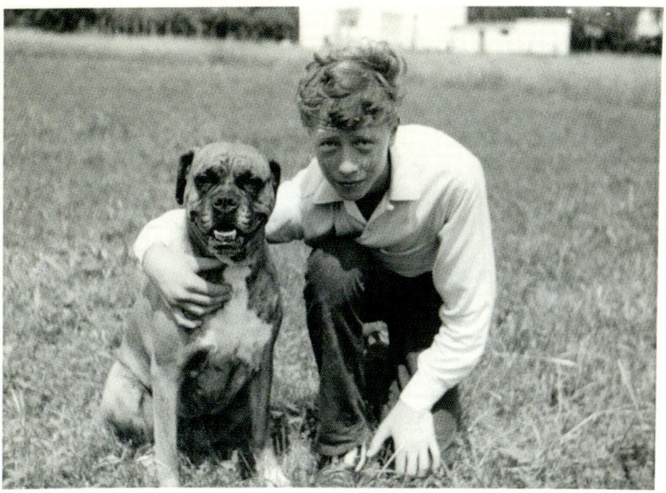

Als Jugendlicher begleitet von der Boxerhündin Mickey …

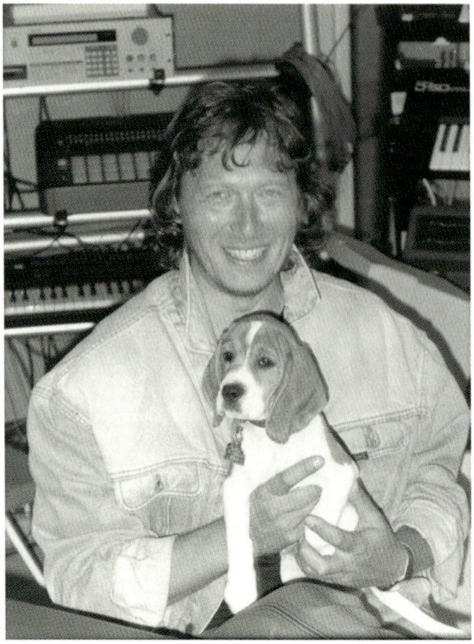

… dann 1989 als Erwachsener mit seinem ersten eigenen Hund – einem Beagle namens Bodo

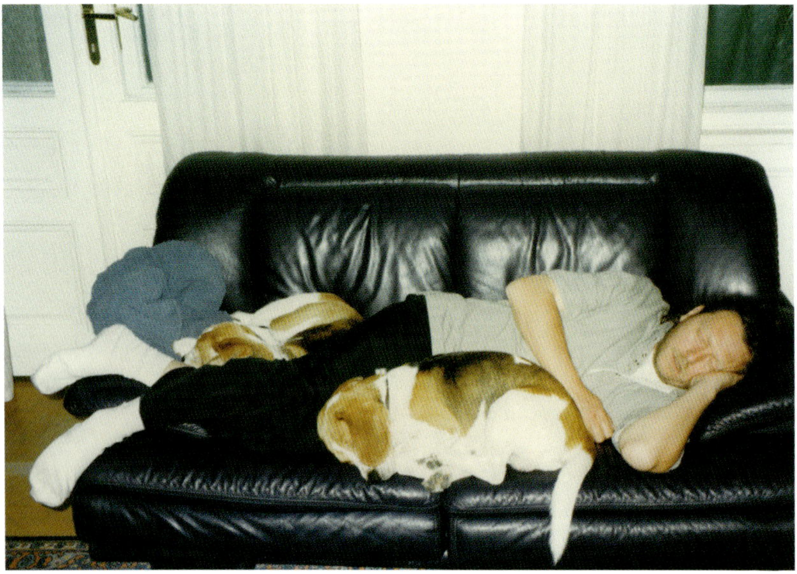

Ein Nickerchen mit seinen Beagles Bodo und Chester im Sommer 1995

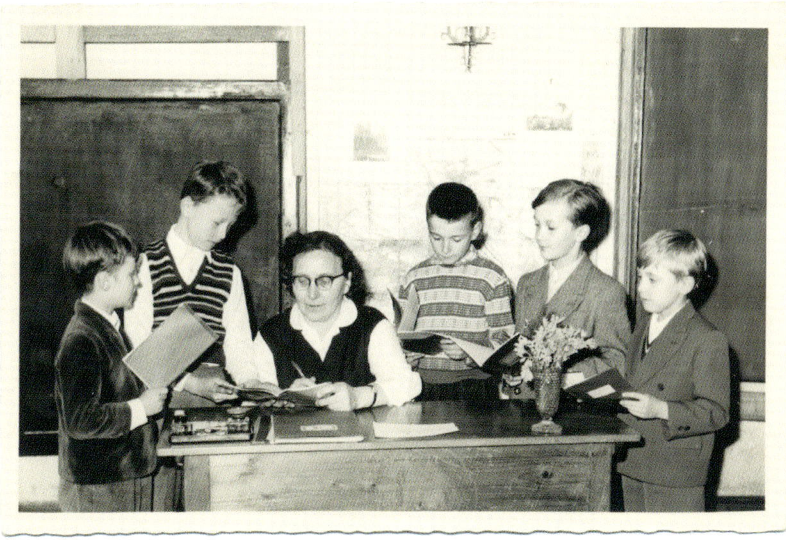

In der Hetzendorfer Volksschule – Peter Cornelius ist der Zweite von links.

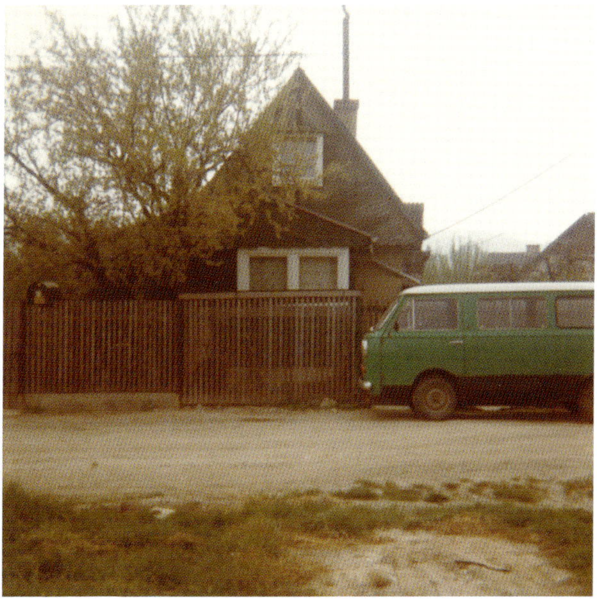

Das Holzhaus in Hadersdorf-Weidlingau, an das sein Vater ihm ein eigenes Zimmer anbaute – sein Reich – sein erstes Demostudio.

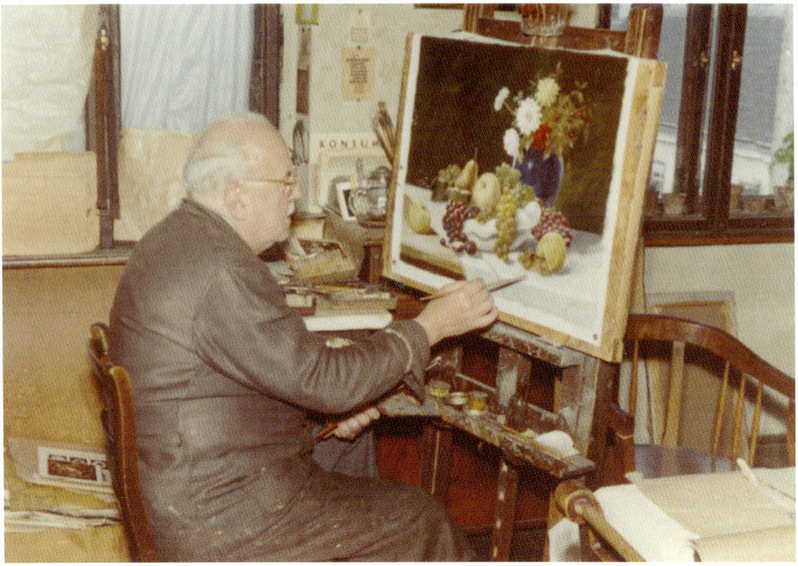

Der Onkel, der Kunstmaler, der ihn als Kind manchmal „Cornelius" – nach dem Eisenbahnkönig Vanderbilt – nannte

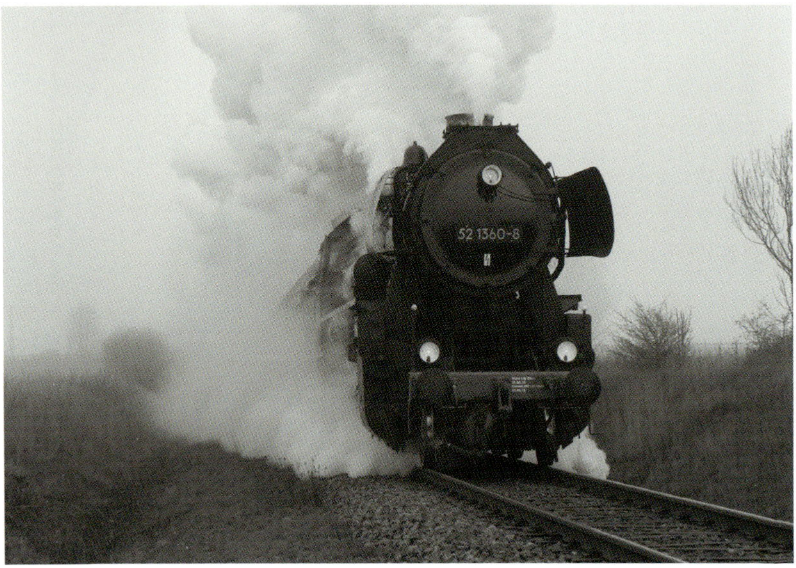

Eine der Dampfloks, wie sie in seiner Kindheit vor und hinter dem Haus in Hetzendorf vorbeistampften

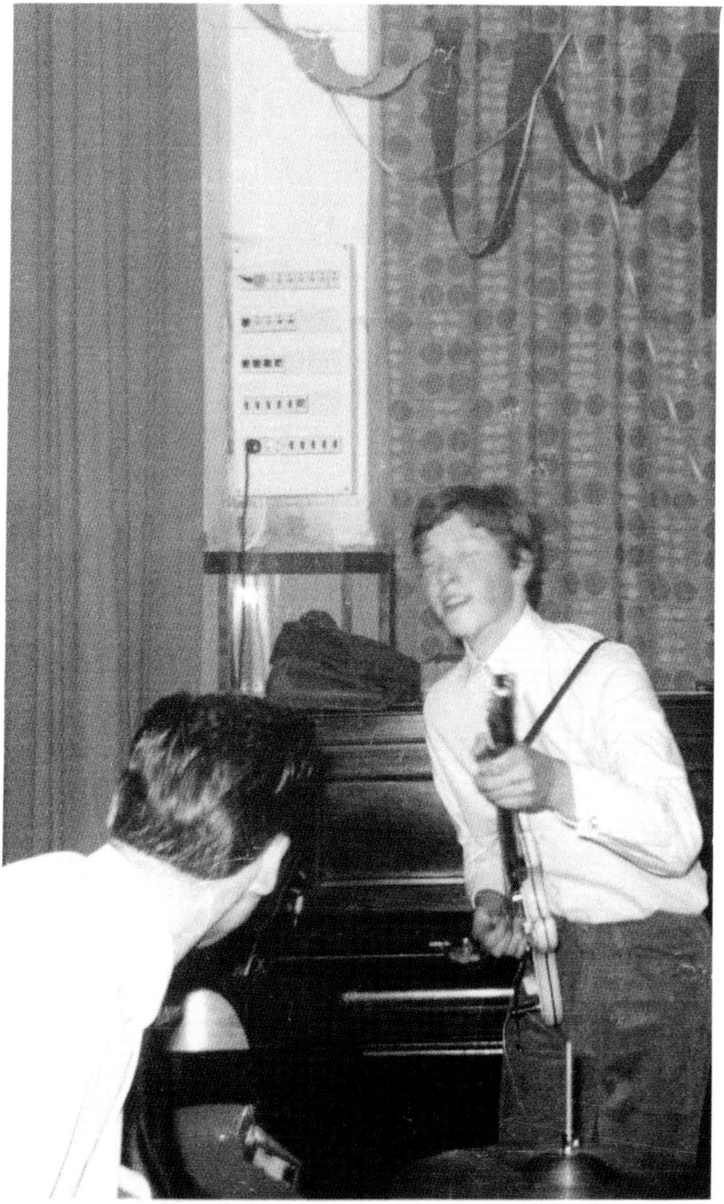

Peter Cornelius mit The Black Sheep in action

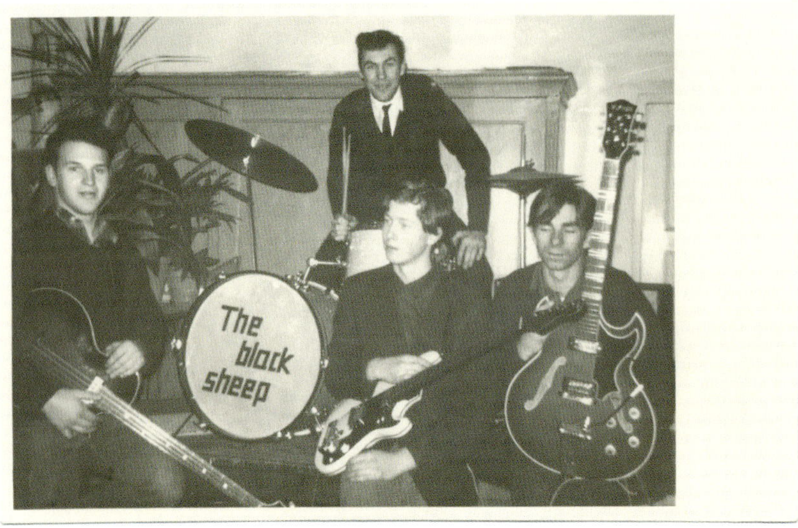

Die erste Band – The Black Sheep

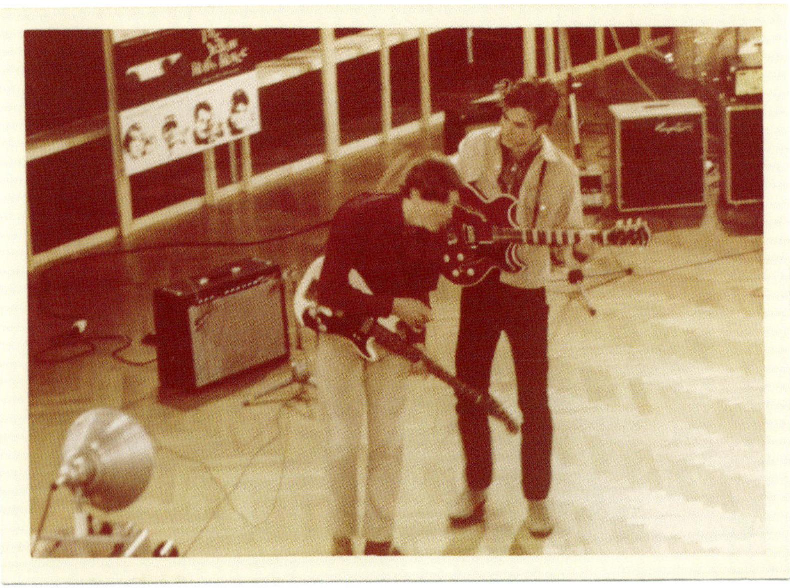

1967 Cornelius' erster TV-Auftritt zusammen mit seinem Freund Joe

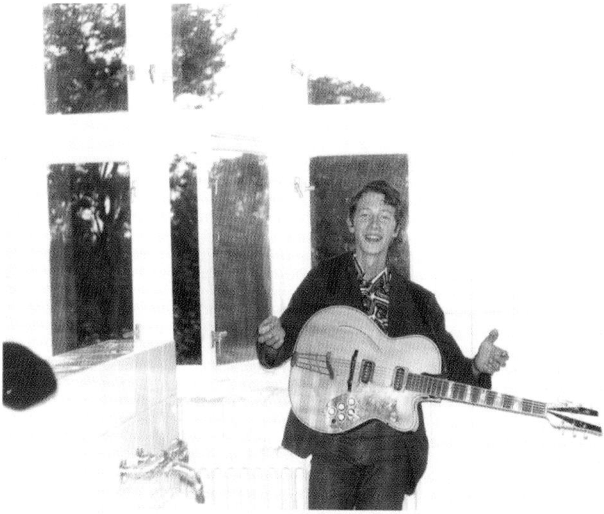

1965–1968 eine Berufsausbildung den Eltern zuliebe – ein notwendiges Übel. Doch auch da nicht ohne Gitarre – ungestörtes Spielen, auch der Akustik wegen, im Waschraum der Landesberufsschule Theresienfeld, NÖ

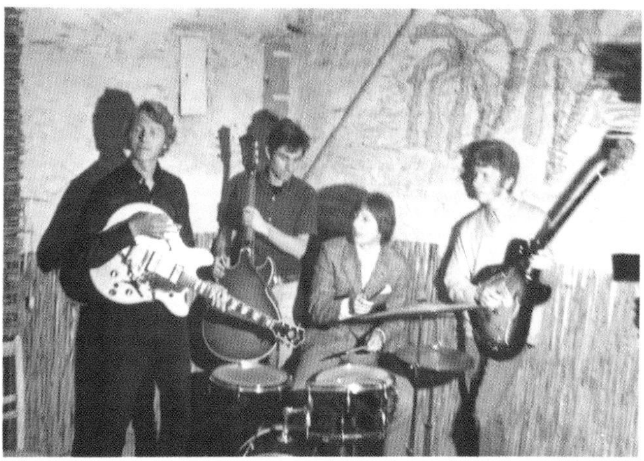

Die zweite Band – Peters Circle

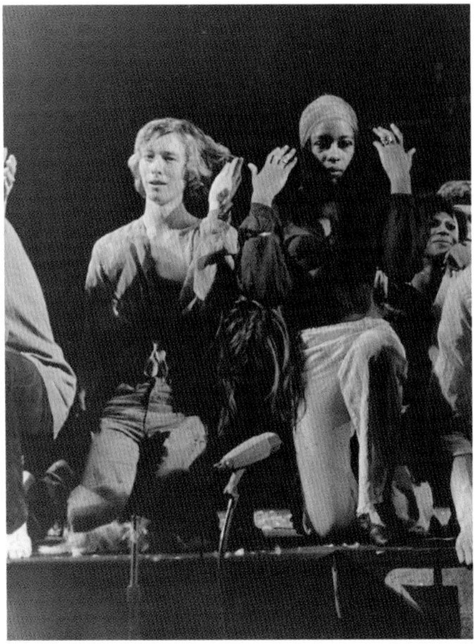

Let the sunshine in! *Hair* in Hamburg 1969

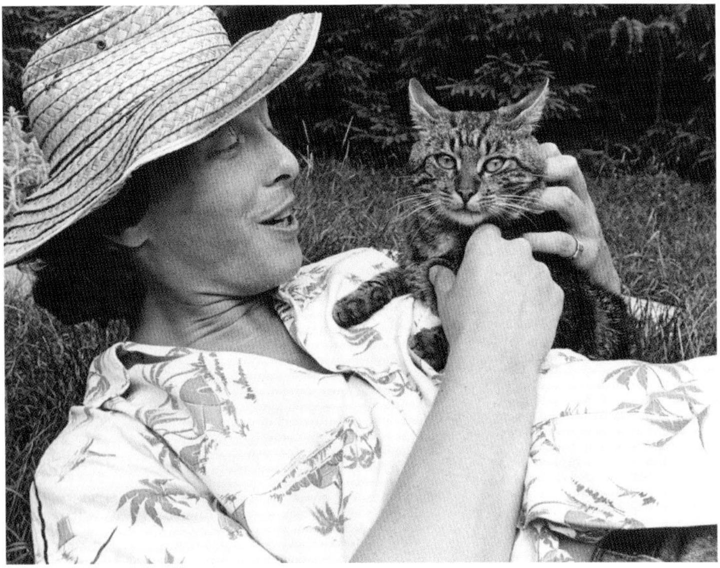

Cornelius im Palmenhemd – lange bevor der Song „Reif für die Insel" entstand

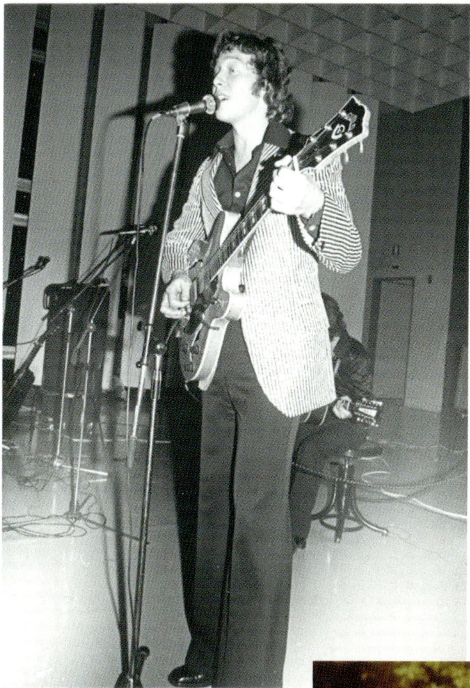

Die erste vom eigenen
Geld erstandene Gitarre:
eine Guild Starfire Six …

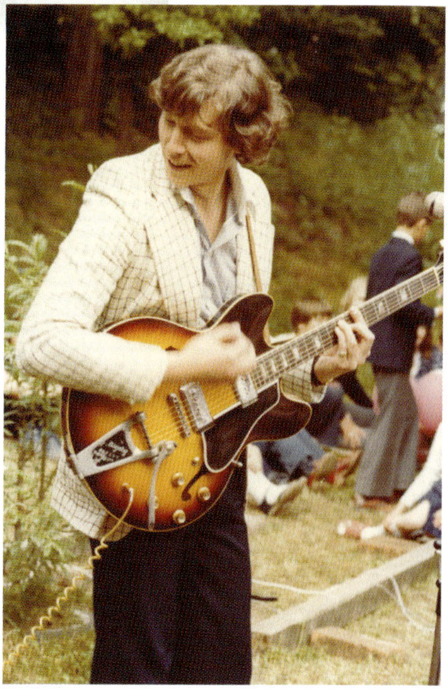

… und hier in den Siebzigern
mit der Gibson ES-330, seine
Lieblings-330er, die Cornelius
bis heute spielt

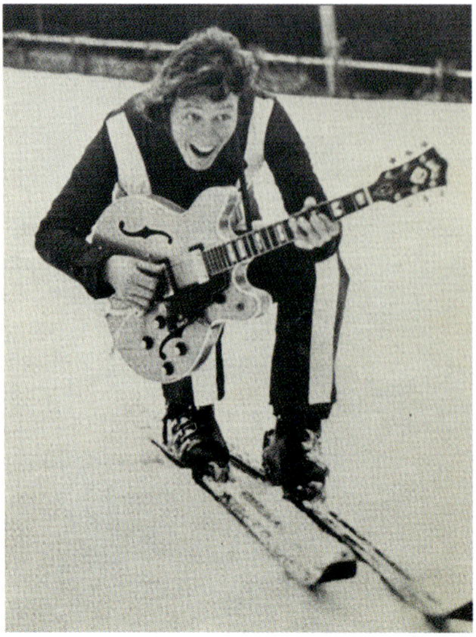

Foto für eine Musikzeitschrift 1975. Zwei Leidenschaften vereint – die alte und die neue: die Skier und die Guild

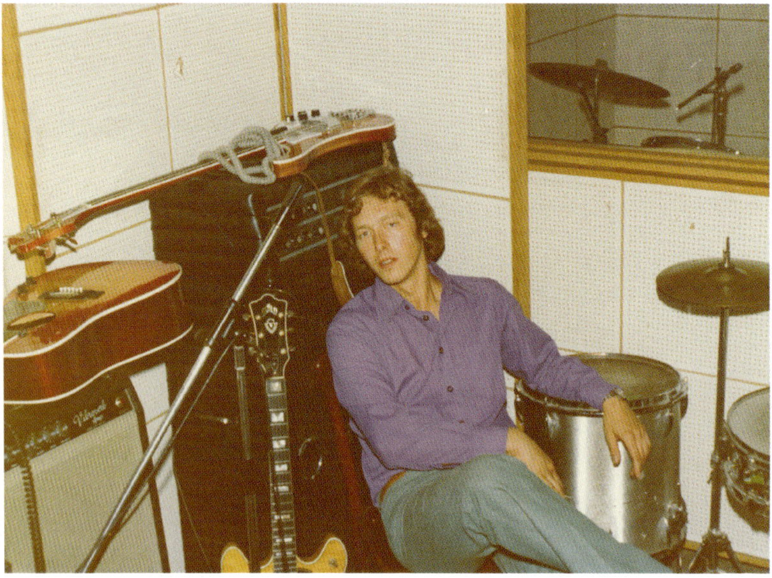

Das legendäre Austrophon-Studio im Untergeschoß des Wiener Konzerthauses – dort hat Cornelius den Song „Wie a Kugel von an Flipper“, bei dem er alle Instrumente selbst spielte, aufgenommen und produziert.

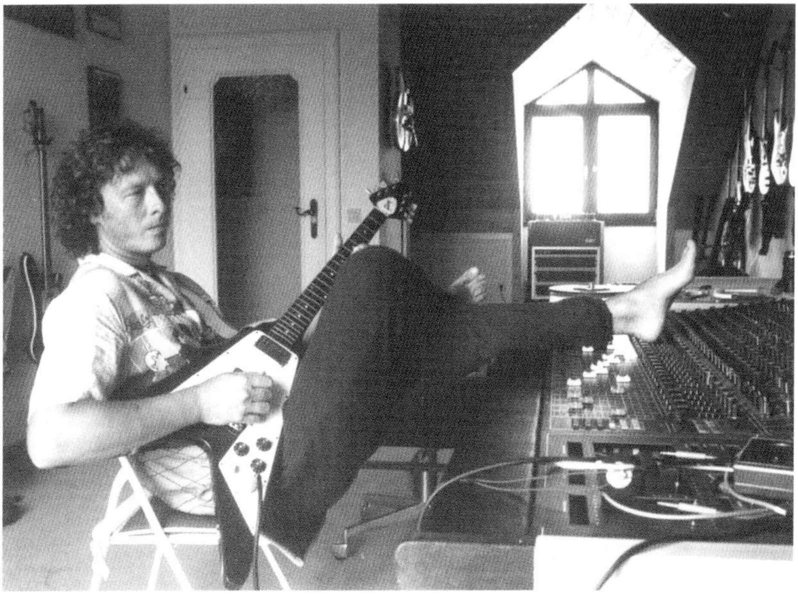

Die Flying V, mit der Peter Cornelius bei „Segel im Wind" das Schlusssolo gespielt hat